U0071191

中華傳統智慧的生活美學

以**易經**、**詩詞**、**對聯**，
走進**現代生活**的視野

戴輝源——著

致謝

　　首先我要感謝新加坡前官委國會議員、中華文化愛好者，同時也是一位知名的收藏家莊紹平，在公餘之暇，特別抽空為我寫推薦序，讓本書能作為一篇最佳的導言。

　　這本書的寫作過程中，我的高中同學及大學摯交中臺科技大學劉瑞琳副教授百忙之中，陸續提供很多寶貴的意見，本書得以如期完成，也表達由衷的謝意。

　　感謝新加坡書法家協會會長陳聲桂的長期鼓勵與支持，陳會長常年致力推廣中華書法不遺餘力，桃李滿天下。我在新加坡服務期間，受陳會長的影響頗深，也讓我在寫這本書的過程中注入了很多養分。

　　謝謝世界台灣商會聯合總會前總會長施至隆的引介，及國立臺灣師範大學文學院院長須文蔚教授對出版實務的高見及協助。

　　至於出版編輯部分，出版部經理鄭伊庭、助理編輯陳彥妏及責任編輯陳彥儒等提供專業的意見，非常謝謝。

推薦序一

新加坡前官委國會議員莊紹平

戴輝源先生和我是有緣之人。我們最早在參加新加坡台北工商協會及代表處的活動上認識，在相互交談之下感覺很投緣，發現彼此有許多共同的愛好，尤其是乒乓球等球類運動，以及音樂、詩詞、書畫等文藝創作。在他擔任駐新加坡台北代表處副代表的五年六個月期間，我們經常一起打球、共餐，在深度交流之下成為了要好的朋友。

戴輝源夫婦熱愛生活、好學樂觀、誠懇善良，在新加坡廣交好友，給人留下了非常好的印象。我相信這是他們的新加坡朋友的共識。還記得他們要返回台北時，他們的許多新加坡朋友都倍感不捨。

戴先生在離開新加坡之前並沒有提及任何寫作計畫。因此，我近日有幸知曉此書的存在後，感到十分驚喜。我在拜讀初稿的過程中，仔細閱讀了每一章，發現其內容豐富多彩，把戴先生之心境與情懷表現得淋漓盡致，令我愛不釋手。

戴先生在繁忙的工作之餘，能夠從日益浮躁及功利的環境中超脫出來，投心於中華文學的經典中，且能夠

精煉地融會傳統中華文化和自己在海外的切身體驗，十分難得，不僅讓人敬佩不已，亦是此書獨到之處。

由於我對易學尚無研究，也不是一名文學研究者，此處不宜對此書之內容進行粗糙之概括，在此僅舉書中的兩個方面來顯露戴先生文化底蘊之冰山一角。

戴輝源夫婦長期專研易學，對《易經》頗有見解。戴先生在書中通過真實的例子來闡釋《易經》奧妙之處，深入淺出，常以自己的親身經歷為例，以便讀者更容易地理解易學如何在生活中發揮作用。

易學外，如他在書中所言：「藉由欣賞詩詞時能給讀者帶來生活啟示」，古人常作詩作詞以抒發情懷、表明心志、反映現實、描繪景致，是體會古人生活的重要門徑之一。戴先生承接了這個傳統，在書中對經典詩詞加以賞析，以平易的語言引領讀者踏入傳統中華文化的美妙世界。

簡言之，此書可讀性很高，其中的內容值得細細品讀，傳統文化愛好者不宜錯過。最後說一句：「戴輝源先生以文會友，以友輔仁，推廣國際友情，可喜可賀。」

推薦序二

中臺科技大學劉瑞琳副教授

　　我與輝源兄認識已近半個世紀，打從高中同班同學、大學唸東吳大學都是朝夕寒暑接觸頻繁的摯交，一向瞭解他是對東西方文化有極高興趣的人；之後我們走的路大不同，我是往教育的路走下去，直到目前已逾耳順之年，真不知老之將至，一年半載後我即將暫時放下教職，人生對我而言，除了一路順遂之外，沒有什麼大的變化；但輝源兄打從大學外文系畢業後，即有志於為國家做事，本身英語的卓越能力，即選擇往外交事務發展，那時節正是國家對外處境詭譎多變的八〇年代吧！我曾為他感到無比的與有榮焉，從事外交尖兵的使命，對整個國家的前景與未來，肩負有多麼崇高的使命啊！

　　記得高中時代，輝源兄的文筆及口才即有傑出的表現，中英文俱佳，是我們高中班級的代表參加競賽的首選人物；在大學時代，我們住的是同個寢室，他唸的是外文系，我熟知的是他對英美文學的課程極感興趣外，對於中國傳統文學的知識，也不辭辛勞透過旁聽中文系課程及自我學習的方式，累積了相當程度的造詣。我當時唸的是中文系，在所有其他不同科系的同儕中，勤於向我借書，深

度討論文學問題，也就只有輝源兄了。

　　輝源兄從事外交工作期間，我與他雖偶有聯繫外，但因他長駐海外，我並不熟悉。我只記得他的工作表現一直受到首長的肯定及同僚的信賴，職位步步高陞，歷經好多個國家；在聯繫中，偶也聽聞他與夫人也非常熱心向海外華人宣揚中華文化，博得僑胞的讚譽。畢竟從事外交工作，面對國際霸權壓力的處境，具有深厚文化涵養所煥發的優雅儀態，常是折衝於權力平衡之間，最為外交人員所展現的實力。

　　近日與輝源兄往來較為頻繁，返國後工作之餘，仍是不辭辛勞，除應邀國內各公務機關做大型演講，並接洽國外公私團體各項訪問行程活動，宣揚國人及外人對我國外交工作的認識。一回私底下他向我透露，有意將近年來自己對傳統中華文化及文學的心路歷程及研究心得，彙整編輯成冊，作為推廣文化，端正現代人心的一塊墊腳石。我聽聞後，深深大表贊同，一口答應為他的用心，願意付出個人棉薄的助力。

　　輝源兄的著作，我從文字校對、審定訛誤到書名及內容大綱的確定，做了編審的過程。以一個非專業的外交人士能有此精湛的論點，誠屬不易。本書是以傳統中華文化在現代生活應用的論述方式，除提供個人研習的深刻經驗，到即情即景的脫口而成，都展現了他已將文化中最優質的內涵消化後，給予現實功利人心點化出一道精準的智慧指引，並召喚出溫馨諧趣的人性底蘊。諸如〈易經研習篇〉敘述他的易學承自混元禪師的風水易

學，不單是易學學理方面以簡御繁的奧妙點化，並兼及個人以卦占卜國際運勢的奇準經驗；又如〈詩詞趣味篇〉，精選古代詩詞佳作，透過他的精闢的論述，提升詩詞的趣味性，喚起心靈的愉悅與耳目為之一新；再如〈對聯妙語篇〉，更是將古今的對聯文化透過諧謔不脫雅趣的方式，貼合情境，絕是妙語連連，讓人拍案叫絕啊！最後的〈生活感悟篇〉，將古今大智慧人物的精警雋語，做了系統整理，以對應現實人生，予人心靈氣動的豁然大悟。至於各篇的文字都是輝源兄長年於生活中，尋尋覓覓中心領神會的佳句，可說篇篇佳構，只待讀者閱讀後自有所得。

書名訂為《中華傳統智慧的生活美學──以易經、詩詞、對聯，走進現代生活的視野》旨在彰顯中華傳統與現代生活的聯結，期待透過四個面向，指引傳統文化如何走入現代人的心靈世界，以及讓傳統優質文化獲得浴火鳳凰的新生契機。

輝源兄的著作是一種對現今社會人心的一種親近般關懷，從書中我們可以看到一個優秀外交人員在文質彬彬儀表內對傳統中華文化的深厚內涵。謹為序。

自序

　　華人傳統文化淵遠流傳，影響至今，無論海內外華人都共享老祖宗留下的文化資產；甚至世界各地仰慕華人傳統文化的異國人士，更是基於全人類文化的瑰寶，無不透過各種學習管道，沉浸於華人優質的傳統文化氣息，讚嘆不已。

　　我畢生有幸擔任外交工作，長期旅居世界各國，耳聞目睹華人傳統文化普遍吸引國外人士的愛好，頗讓我留下深刻印象。長年公務之餘，我再重拾老祖宗的文化遺產，潛心多年之後，更加體會傳統文化的博大精深，其奧妙之處，不僅讓我碌碌奔波於煩雜公務，尋覓安身立命的心靈故鄉，更能開啟洞悉世局的先見之明。

　　我常以閒暇之餘，觀察諸多國外見聞，一旦印證傳統文化的影響，時時感到古今文化的浸潤，在現實生活中展現無限的生機。然文化本是自然流露於言行思維之間，流行於人與人的交際往返，更是處處可見其端倪。

　　近年來我尤其究心於《易經》、詩詞、對聯的文化意蘊，僅以業餘的雅趣，從多年的心路歷程，以自己對於世事的感受，已深深體會出傳統文化的內在意義與價值；或許說，我的管蠡之見，誠然不足與當今碩學鉅儒共話，但作為一個長期滋潤於傳統文化的愛好者，非常

期盼能有同好交換不同的看法。

第一章：《易經》研習篇

　　《易經》乃群經之首，亦是老祖宗留下來的智慧，學習《易經》不僅可以保護自己，安身立命，亦可幫助他人，趨吉避凶。《易經》有義理易及應用易，其中應用易尤可用於生活之中，舉凡問婚姻、升官、學業、姻緣、投資、身體健康等，皆可在人生起浮的過程中，以占卜的方式得到啟示，達到居高思危、絕處逢生及逢凶化吉。

　　《易經》的占卜涉及很多基本用語及知識，內涵頗為深廣，尤其解卦、說卦，更需要舉一反三，靈活運用，方可看出卦中顯示的深層意蘊。本書僅提供學習《易經》的一些基本知識，你倘有興趣可參加正式的《易經》課程，循序漸進，方可登《易經》的大雅之門，獲益終生，自助尚可助人。

　　占卜的方式頗多，其中以龜殼、銅錢、竹籤、紙牌、翻書或星象等方式來推斷未來的吉凶禍福，使用的方式最普遍的就是以取三個數字而成卦，有關細節請看本書占卜用於生活的介紹。我初學時亦以翻書取三個數字而成卦，之後即換成用銅錢取卦，主要的差別在於前者固定動一個爻，而後者可能無動爻，也可能動一、二、三、四，甚至五個動爻，確實較為複雜，當然相對可看到的細節就更加深入。

我以三個銅錢占卜二個驗證的例子：

其一：2016年美國總統大選

2016年11月8日的美國總統大選，如果有注意當時的民主黨總統候選人希拉蕊，可知之前已擔任過紐約州長、國務卿，甚至以八年第一夫人的優勢問鼎總統大位，當時美國、各國政府的政要及學者都一致認為希拉蕊躺著都能擊敗頗具爭議性的共和黨候選人川普。我曾在選前占卜，卦象顯示川普將勝出，該卦驗證屬實，選後結果跌破全球各國政府、學者專家的預測。

其二：2022年俄烏是否會發生戰爭

由於俄烏關係在2021年12月間即齟齬不斷，國際間甚多學者均研析預判俄羅斯應該不會出兵。我於2022年1月間占卜，問俄烏發生戰爭的可能性，卦象顯示，2月4日至3月4日恐有戰爭的跡象。果然於2月24日，普丁授權俄軍進攻烏克蘭。在拂曉前，俄軍使用高精度武器對烏克蘭的軍事基礎設施、防空系統以及空軍進行攻擊，在烏克蘭南部海岸登陸，這確實跌破很多學者專家的預測，認為俄羅斯不會出兵烏克蘭。

各行各業皆有其專業的術語，《易經》亦不例外，常聽人說：到書局翻看有關《易經》方面的書籍，但奇怪怎麼看不懂，也讀不進去呢？主要原因是由於學習占

卜、解卦涉及《易經》很多方面的基本知識及術語，層面頗廣。師父引進門，修行在個人，坊間書店有關介紹《易經》方面的書籍琳瑯滿目，但限於篇幅，我只想提供在學習《易經》過程中的一些基本知識及心得，鼓勵有興趣的人；有極高興趣者，或可參加「唯心聖教」在全台各地的道場及教室，開設教授《易經》風水的初級課程，循序漸進，方可帶領你入門，而獲益終生並幫助有緣人，利人利己。

第二章：詩詞趣味篇

　　中國的文字之美常見於詩詞之中，由於悠久歷史，各朝代擅長吟詩作詞者不勝枚舉。我所選的詩詞，只是個人的喜好，盼藉由欣賞詩詞時能給讀者帶來更多的生活啟示。

　　古詩詞是中華文化當中的一朵絢爛之花。著名古詩詞翻譯家許淵沖先生就曾經說：「古詩詞有『三美』，就是音美、形美和意美。」

　　本書並未完全按歷史朝代先後的順序做介紹，而是以詩詞的意境、趣味及是否對現代人的生活帶來重大啟示作為選擇的參考。

　　今天是科技的時代，AI、5G、元宇宙及ChatGPT等成為趨勢，大家忙於瞭解及學習新科技，以求跟上時代的腳步；加上現代人生活節奏快速，工作忙碌及壓力大，哪有閒情逸致與古人交往並研讀古人的詩詞呢？其

實，古人的每一首詩詞都有其創作的背景，或對美景的讚揚、或對生命的苦短有感而發、或對政局有所不滿、或對愛情的追求、或對生命的歌頌，是一種人生的隱喻，也是一種境界的詮釋，尤其在身處逆境時，如何面對挫折，或可給忙碌的現代人另一種療癒。

當你身心感到疲憊時，唐代田園詩人王維的「明月松間照，清泉石上流」（〈山居秋暝〉），讓你感覺詩中的景象，原來就在你的身旁。在你心灰意冷時，唐代詩人李白的「長風破浪會有時，直掛雲帆濟滄海」（〈行路難〉），會讓你活力重現，重整旗鼓。在你孤獨寂寞時，北宋詞人蘇軾的「但願人長久，千里共嬋娟」（〈水調歌頭〉），讓你既感動又憂傷，雖然此時親人、伴侶或好友不一定在身旁，但月光送給你溫柔的想像，讓你在獨處的時刻足可堅強面對。

中秋佳節在異地，想念遠在他鄉或海外的親人，給他發一條簡訊：「海上生明月，天涯共此時」（唐代詩人張九齡〈望月懷遠〉），又如與好友慶生聚會及同學會餐敘等，難免感慨一下，「人生得意須盡歡，莫使金樽空對月」（唐代詩人李白的〈將進酒〉）。

北宋大文豪蘇軾一生經歷三次重大的政治打擊，先貶黃州，再貶惠州，卒貶儋州。在不斷地遭受貶黜中，並沒有被悲傷和痛苦壓倒，而是以一種隨緣自適、曠達超脫的態度面對自身的處境。綜觀蘇軾的一生，最高官職應為正三品的翰林學士，很多家喻戶曉的詩詞卻皆是在被貶時期的創作。

大部分的人大概不會經歷蘇軾那樣坎坷的人生起伏，不會像他那樣，被命運幾度高高舉起，又重重摔落。作為平凡人的你我，或許沒有大起大落，但也有各自面臨的不如意及挑戰。當你覺得生活艱苦未如預期時，不妨看看蘇軾吧！其實蘇軾的價值，他向我們證實人生最重要的一項底層能力，無論身處何種環境，都能讓自己愉快的能力。

俗語說：「人生為何不快樂？只因未讀蘇東坡。」蘇軾性格中所蘊含中國人的理想人格，為歷代提供最深的撫慰，最透徹的啟發。讀懂蘇東坡是終身愉快的開始。蘇軾的一生值得你我探索發掘。

第三章：對聯妙語篇

對聯作為文學的樣式之一，與詩文詞賦等固然有共性，但其個性也是很明顯的。對聯的特點概括起來有二：一是字句靈活，二是對仗嚴格。

古人尤其文人常喜歡以對聯比較文彩高低，皇帝的殿試亦常用對聯徵試，此外，古人以對聯招親亦頗常見。

一般而言，對聯由於不受字數限制，作者可以繪景抒情，敘事寫意，縱筆議論，揮灑自如，頗有彈性。聯語句式可以長短錯雜，有似宋詞。有時為對仗需要還可用錯位方式，如無情對：

五風十雨梅黃節

二水三山李白詩

「梅黃」應作「黃梅」，為使「梅」與「李」對，「黃」與「白」對，錯位為「梅黃」。

程硯秋由上海到北京演出，有人贈以聯：

豔色天下重
秋聲海上來

聯首嵌硯秋原名，下聯為使「上海」與「天下」對，故錯位為「海上」。

有時為強調某一成分而倒裝，如格言聯：

書有未曾經我讀
事無不可對人言

原是「有未曾經我讀之書」「無不可對人言之事」，意思平淡，現在把「有」的賓語「書」，「無」的賓語「事」提到主語位置上，讀起來就增加了警策性。

然而對聯最主要的特點是對仗，它的要求是嚴格的。所謂對仗，就是要兩兩相對、成排而出，如同古代的儀仗一樣。要求上下聯詞類相同、句法結構一致，而且還要求平仄協調，這與律詩頷、頸兩聯的對仗要求是

相同的。

　　享受對聯的文字之美，亦為現代人在茶餘飯後閒聊之際增加一點生活的情趣。

第四章：生活感悟篇

　　本書擇錄古今中外人士對於生活及面對人生逆境時的積極態度，常言道：「人生不如意者十之八九。」所謂風水輪流轉，如何在遭逢逆境時，以正確積極的態度面對，並累積失敗的經驗，化險為夷，絕處逢生，重新出發，方為上策。

　　詩仙李白的〈將進酒〉：「天生我材必有用，千金散盡還復來。」李白深信自己擁有滿腹才華，但卻得不到賞識，因此有「天生我材必有用」的豪氣，亦深信「千金散盡」，必可「復來」的信心。人生必經歷高山低谷，起起落落，如在失意時未能釋懷，則很容易自暴自棄，掉進深淵；但若能保持信心，認清方向，繼續奮鬥，成功終將到來。現代人當可學習李白以樂觀的態度看人生。

　　本書希望藉由中華文化的《易經》、詩詞、對聯及生活感悟達到拋磚引玉的效果，古書今用，期盼大家共同努力，將中華文化深厚的底蘊，向對華文有興趣的世界友人吹起一股春風的力量。

　　此外，在第四章「生活感悟篇」（另含附錄），我也引用中外人士的話語及智慧語，如莎士比亞《哈姆雷

特》戲劇裡，第三幕第一場哈姆雷特有一段開場獨白是
世界文學、戲劇與音樂作品中最常被引用的一句，整句
是：「生存還是毀滅，這是一個值得考慮的問題」（To
be or not to be, that is the question）。人生需要常常面臨
抉擇，因此，在日常生活中也常見很多人引用莎翁的這
句名言。

　　最後我想以印度詩人泰戈爾的名言：「用生命影響
生命」與你共勉。

　　　　把自己活成一道光，
　　　　因為你不知道，
　　　　誰會藉著你的光，
　　　　走出了黑暗。

　　　　請保持你心中的善良，
　　　　因為你不知道，
　　　　誰會藉著你的善良，
　　　　走出了絕望。

　　　　請保持你心中的信念
　　　　因為你不知道，
　　　　誰會藉著你的信念，
　　　　走出了迷茫。

　　　　請相信自己的力量，

因為你不知道，

誰會因為相信你，

開始相信了自己。

原文：

Influence life with life

Rabindranath Tagore

Live yourself as a light,

Because you don't know,

Who by thy light,

Out of the darkness.

Keep the goodness in your heart,

Because you don't know,

Who would take advantage of your kindness,

Out of despair.

Keep faith in your heart,

Because you don't know,

Who would take your faith,

Out of the confusion.

Trust in your own power,

Because you don' t know,

Who would believe in you,

I began to believe in myself,

Keep the confidence in your heart.

　　借用內人洪碧雲（她是易經大學華人班第五期、精進班第二期的學員）常說的話：「生命的價值在於你一生中能影響多少人的生命。」希望這本書能帶給你一道陽光。

目　次

致謝　　　　　　　　　　　　　　　　　　　　3

推薦序一／莊紹平　　　　　　　　　　　　　4

推薦序二／劉瑞琳　　　　　　　　　　　　　6

自序　　　　　　　　　　　　　　　　　　　9

第一章　《易經》研習篇　　　　　　　　　　25

　　一、學習《易經》的緣起　　　　　　　　25

　　二、《易經》的基本知識與智慧　　　　　30

　　三、《易經》與生活　　　　　　　　　　76

　　四、《易經》與健康養生　　　　　　　　85

　　五、《易經》與外交　　　　　　　　　　86

　　六、用《易》於生活中　　　　　　　　　91

第二章　詩詞趣味篇　　　　　　　　　　　　97

　　擊壤歌／佚名〔先秦〕　　　　　　　　　97

　　積土而為山，積水而為海／荀子〔戰國〕　99

　　離騷／屈原〔戰國〕　　　　　　　　　　100

　　但識琴中趣，何勞弦上聲！／陶淵明〔東晉〕　102

　　靜夜思／李白〔唐〕　　　　　　　　　　105

　　長歌行／李泌〔唐〕　　　　　　　　　　112

　　誰曾看不起唐朝詩人白居易的詩　　　　　115

　　江雪／柳宗元〔唐〕　　　　　　　　　　119

曾經滄海難為水，除卻巫山不是雲／元稹〔唐〕　122

金縷衣／杜秋娘〔唐〕　124

早秋客舍／杜牧〔唐〕　128

一位皇帝，一位和尚，兩人合寫了一首詩，

　　傳誦千年《瀑布聯句》　130

相見歡／李煜〔南唐〕　132

風流倜儻的才子柳永〔北宋〕　136

江上漁者／范仲淹〔北宋〕　139

岳陽樓記／范仲淹〔北宋〕　141

識遍天下字、讀盡人間書的狂語／蘇東坡〔北宋〕　143

祭亡兄端明文——最深兄弟情／蘇轍〔北宋〕　155

游山西村／陸游〔南宋〕　158

一剪梅——雨打梨花深閉門——／唐寅〔明〕　163

臨江仙——滾滾長江東逝水——／楊慎〔明〕　168

六尺巷的故事／張英〔清〕　171

獄中題壁／譚嗣同〔清〕　174

第三章　對聯妙語篇　179

前言　179

對聯活動的興起　179

諸葛亮與周瑜的對聯　181

王羲之的妙書春聯　184

「坐，請坐，請上座」的下聯……　186

上聯：一人一碗一口鍋　188

寫盡世態炎涼的呂蒙正　189

上聯下聯一字不改 192

上聯：野花不種年年有 193

賣弄學問被諷刺 195

上聯：年難過，年年難過，年年過 198

上聯：南通州，北通州，南北通州通南北 200

行善積德，福蔭子孫的狀元對聯 202

上聯：乾八卦，坤八卦，八八六十四卦，
　　　卦卦乾坤已定 207

上聯：獨眼不登龍虎榜 214

上聯：騎青牛過函谷，老子姓李 217

上聯：一二三四五六七 219

上聯：花果山水簾洞，有深有淺 220

上聯：五月黃梅天 222

第四章　生活感悟篇 223

圍棋 223

蘇東坡之樂 227

弘一法師的「渡了五句話」及「人生八然」 232

人生最大的敵人就是這三個字：
　　　「奢」、「逸」、「驕」 240

國學大師南懷瑾：「人生的10個感悟」 244

王陽明的「盡性、知命」 248

走出逆境的一句話 250

閱讀 251

茶不過兩種姿態：浮、沉 253

領悟及珍惜三樣東西 255

三寶 256

彼此成就 256

恨，能挑起爭端；愛，能遮掩一切過錯 257

「十年磨一劍」的下一句是…… 257

終身受用的四句話 260

績效考核模型 262

乾隆皇帝的養生四字訣 263

靜坐──禪定──神通 268

君子之交淡如水 272

宵與夜的區別及宵夜 274

輪迴──黃庭堅〔宋〕 274

「老牛吃嫩草」的下一句是…… 278

「得饒人處且饒人」的前一句…… 281

實問虛答：「一朝君子一朝臣」，中了狀元 283

幽默是風趣，也是一種體貼 285

「天要下雨」為何要扯上「娘要嫁人」的背後
　故事？ 288

卻之不恭 291

附錄 295

第一章
《易經》研習篇

一、學習《易經》的緣起

　　凡事講緣份，我在因緣俱足後，感恩有機會向彭元霖老師學習《易經》及風水。彭老師是「唯心聖教」、「易經大學」世界華人養賢班第二期的學員，師承混元禪師。混元禪師寄望海外養賢班的學員，學成回到僑居地後，將所學的《易經》及風水知識，在海外開枝散葉，如一顆種子，灑在世界上的每個地方，有機會將《易經》風水的妙法推廣到僑居地，幫助有需要的人，創造福祉，達到世界太平的目標。

　　回想當年學習《易經》的情景，不時憶起南宋學者葉采的詩作〈暮春即事〉：

　　　　雙雙瓦雀行書案，點點楊花入硯池。
　　　　閒坐小窗讀周易，不知春去幾多時。

　　時光飛逝，一轉眼已十幾年過去了！現在有空時仍喜閱讀有關《易經》方面的書籍，偶爾幫親友卜卦問事及分享切磋所知所聞，真樂在其中。

禪磯山仙佛寺

由於信眾日益增多，1989年原設的「精修院」已不敷使用，於是混元禪師廣集社會各界資財，在台灣南投縣國姓鄉購得風水寶地，闢建開山道場，名「禪磯山仙佛寺」。

禪磯山仙佛寺是南投最美的佛寺之一，佔地約5公頃，處處都是美景，可上網查閱。我曾多次造訪仙佛寺，該寺規模如同一個大的花園，造景甚美，以《易經》風水的原理，建構而成。此外，仙佛寺編印各類關於《易經》風水方面的著作，對風水有興趣的賢達人士，欣賞風景之餘，亦可挑選購買幾本喜歡的《易經》及風水相關的書籍，一舉數得。

混元禪師創立唯心宗門、開辦「易經大學」

「易經大學」位於南投市，目前正在建立八卦城，希望成為世界研究《易經》風水的重鎮，該校開設各類《易經》風水的課程班，設碩、博士班，培育學養專精的《易經》、風水人才。我曾數次參訪寶地，環境優雅，風景宜人，頗值得一遊。你若在參訪位於南投縣的仙佛寺後，有機會可順訪南投市的「易經大學」，以規劃一天或二天一夜行程，向王禪老祖頂禮膜拜，祈求保佑學子學業進步、商人事業成功及闔家健康平安順利。

混元禪師以伏羲文化為「唯心聖教」的基本養成

伏羲氏一劃開天，再劃闢地，人立其中，三爻成象，而成「八卦」，彰顯人與大自然相對、相容又各自獨立的關係；尤其遵循「人法地，地法天，天法道，道法自然」的哲思，成為華夏民族最根深蒂固的「天人合一」的思想來源。

《易經》是華夏民族的宇宙觀，「風水學」是中國人的環境學，都是中國人探討大自然的歸納與紀錄，也是華夏民族學習和大自然和平共處的「天人合一」哲學。

混元禪師提倡「三祖文化」，舉辦聯合祭祖

凡是華夏民族都會說自己是「炎黃子孫」，混元禪師認為，我們都不能否認自己的祖先，因而提倡「炎帝、黃帝、蚩尤」三祖為我中華兒女共同的祖先之理論，並塑造三祖法相，以供唯心宗弟子瞻仰祭拜。

混元禪師曾多次前往河北礬山歸根苑參訪，並追溯黃帝、炎帝、蚩尤帝的歷史，肯定並宏揚三祖文化是我炎黃子孫的大孝表現。

為凝聚全世界華人的力量，禪師從2004年元旦起舉辦「聯合祭祖大典」，並邀請全球華人參加，每年國內與會人士逾三萬人之多，各界歸國祭祖代表則有數百人之多。2024年1月1日在桃園市立體育館舉行祭祖大典，

內人洪碧雲與我亦前往參加，共襄盛舉，祭祖儀式間有各項節目表演，如鑼鼓、新舞極藝術舞團歌舞、台灣十六族歌舞等等，增添祭祖會場莊嚴而輕鬆的氣氛。

混元禪師再三開示，祭祖宗旨在於「知祖恩、感祖恩、報祖恩」，宏揚中華固有文化，喚醒中華兒女的感情與覺醒，不再有族群之分，共同心手相連，促進社會和平；期望聯合中華兒女奉獻智慧，服務地球人類，共創地球村為清淨人間淨土；更祈願人人尊重生命，愛惜生命，世界不再有戰爭與毀滅性的浩劫。

慎終追遠，祖先是我們的護法神，每年的清明節即是緬懷祖先的重要日子。混元禪師舉辦祭祖大典，緬懷祖先，對歷代列祖列宗的尊敬與追思，弘揚中華文化，其精神令人感佩。

唯心聖教師承鬼谷仙師，聖號「王禪老祖」

唯心法門，法嗣鬼谷，奉為祖師。在歷史的定位上，鬼谷仙師不若炎黃蚩尤三祖的明確，但是，在中國民間信仰中──尤其台灣，家戶喻曉的鬼谷子是被神化的「大羅金仙」，和「鬼谷子是孫臏和龐涓的師父」、「鬼谷子是蘇秦和張儀的老師」同時被廣泛流傳。

鬼谷子被尊稱為中國的「智聖」，其思想學說源於《易經》、老子哲學和儒家哲學，上承伏羲、周易文化，著有「無字天書」流傳於世，成道後聖號「王禪老祖」，天界尊號「玄風永振天尊」。

鬼谷子活躍於戰國中期的顯赫人物，為「諸子百家」之一、縱橫家的鼻祖，亦有占卜家、政治家、外交官、陰陽家、預言家、教育家等身分。

混元禪師是世界和平的實踐者

　　「天下太平」是混元禪師行道以來的總本願，他主張和平是人類生活的基本保障、和平是宗教的西方極樂世界、和平是中國人的中道思想，及祈求世界和平舉辦冥陽兩利消災化劫大法會。

　　「唯心聖教」宗主混元禪師弘揚中華文化道統——「《易經》風水學」，融合儒、釋、道、百家思想的精華，經「修道」、「證道」、「行道」及「弘道」四個時期的淬鍊，普傳鬼谷子王禪老祖之心法——「《易經》風水學」妙法；並從教育及宗教力量方面著手，設立「易經大學」，推動終身學習，傳授「《易經》風水心法」，目前在台灣各地普設分寺道場及教室，提供有興趣學習《易經》風水的社會人士一個很好的平台；海外亦設有多處弘法據點，期盼實踐「養賢蓄才，消災化劫，為國修道，為民祈福」的天命。禪師竭力弘揚鬼谷子心法於台灣，以祈天下太平，世界和平為宗旨。

諾貝爾和平獎提名肯定

　　混元禪師於2011年10月獲推薦申請挪威諾貝爾和平

獎，並於2012年榮獲世界和平獎入圍之肯定，諸多殊榮意謂台灣唯心世界和平促進會、財團法人唯心聖教功德基金會以及易經大學弘揚中華文化道統為世界和平所做努力獲得國際的認同與肯定，真正與國父「天下為公」、「世界大同」、「博愛精神」相契合。

二、《易經》的基本知識與智慧

〈河圖〉與〈洛書〉

　　《易經》又稱河洛文化，〈河圖〉和〈洛書〉在《易經》的理論中佔有相當重要的地位，傳統上將它視為中華文明的根源，也是《易經》的起源。

　　我們習慣上將所有的書刊雜誌都叫圖書，這個詞就是來自〈河圖〉、〈洛書〉，也就是〈河圖〉、〈洛書〉的簡稱。

　　〈河圖〉與〈洛書〉是中國古代傳說中上天授予的祥瑞之兆。相傳聖王如有德政，上天會授予〈河圖〉、〈洛書〉，象徵天子為天命所歸，有合法治理天下的權威。現代大數據研究顯示，〈河圖〉與〈洛書〉是中國特定方法陰陽五行的來源。要瞭解《易經》必須掌握〈河圖〉與〈洛書〉的精神及啟示。

　　河是黃河，洛是洛水，〈河圖〉是先天，在伏羲的時候出現在黃河流域，伏羲的時候還沒有文字，只有圓、點、橫直線條，〈河圖〉就是黃河流域的氣候圖，

黑點代表陰、雨水多，白點代表陽，乾燥。

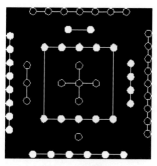

先天〈河圖〉

　　圖中的白點一、三、五、七、九為奇數，為「陽」；
黑點二、四、六、八、十為偶數，為「陰」。陰陽奇
偶，互相交感，便是宇宙萬物的生化之道。一、二、
三、四、五是所謂的「生數」，表示宇宙萬物的生發之
機，先居於內；六、七、八、九、十是「成數」，表
示宇宙萬物的成長，後居於外。可見，宇宙萬物莫不由
「內」而「外」，修行之道必從返觀內察開始，此其
一。其二，生數和成數分為奇偶，即陰陽，生數和成數
本身也分陰陽，可見「一陰一陽之謂道」，養生修道要
成功，必從把握從陰陽開始。

〈洛書〉的起源

　　後天〈洛書〉，〈洛書〉在洛水，〈河圖〉在黃
河，伏羲時出現了〈河圖〉（龍馬），大禹治水的時候

出現的〈洛書〉（象龜），已經出現了文字。因此，〈河圖〉、〈洛書〉的區別為，〈河圖〉當時還沒有文字，是先天；有了文字以後叫作〈洛書〉，是後天。傳說大禹治理黃河的水患，三過其家門而不入；在治水期間，從洛水裡浮出了一隻神龜，龜背上馱著擺列奇特的斑點，彷彿一本天「書」，是為〈洛〉。大禹照著神龜身上的「書」，開悟治國安邦和治水的九大方略，史稱「洪範九疇」（見《尚書·洪範》），大禹將整個版圖分成九州。龍馬神龜的傳聞一直流傳迄今。

　　《易經·繫辭》：「河出圖，洛出書，聖人則之」。聖人按此方法治理天下。圖，指〈河圖〉；書，指〈洛書〉。聖人，指中華文化的始祖伏羲。古書說，〈河圖〉、〈洛書〉是中華文化的起源。伏羲根據〈河圖〉、〈洛書〉畫成八卦，周文王又依據伏羲的八卦演繹成「文王八卦」和「六十四卦」，也就是我們現在所使用的《周易》，也就是後天八卦。

　　現代學者認為，〈河圖〉、〈洛書〉是中華文化古代流傳下來的兩幅神祕圖案，與《易經》的起源緊密相關，頗值得我們進一步探討及研究。

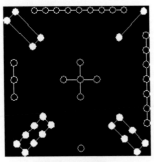

後天《洛書》

〈洛書〉的五句口訣

　　伏羲畫八卦的時代，連文字都沒有，人類還在結繩記事的原始狀態。八卦是最初的圖象，屬意象的示意符號，後來衍生出象形文字。

　　天地萬物的發展規律都由簡入繁，而不是由繁入簡。將先天八卦圖與〈河圖〉、〈洛書〉對比，發現先天八卦圖明顯簡單，〈河圖〉、〈洛書〉則明顯複雜。簡單的在前，複雜的在後。八卦屬於象，〈河圖〉、〈洛書〉屬於數，所謂象數理，象在先，數在象後，理在數後。最初的人類，是通過象來認識世界，數和理是後來才發展出來。

　　先天八卦用八個符號，來歸納天地萬物的八種現象，符合文字產生之前的人類實情。如果已經掌握了〈河圖〉、〈洛書〉的數學工具，根本不需要再去發明代表「天地風雷山澤水火」的卦象，來模擬天地萬物的運行狀態。〈河圖〉、〈洛書〉產生的年代應該在卦象系統產生之後，人類的數學思維得到了開發才形成的。

　　自古到今，東方人重文，西方人重理。古時隋唐以後科舉考試，都是考文科，不考理科。古代得到重用的官員，都是熟讀四書五經，當時還沒有建築、醫學、農業之類的科目。東方人擅長形象思維，西方人擅長邏輯思維。因此，以《易經》為代表的東方文化，應該是從象發展出來的，而不是自數字發展出來的。漢字也是象

形文字發展出來的，此外，如果古代中國人的數學水平很高，在科技發展上應該就不致於落後西方。

《易經》是從先天八卦基礎上發展起來的，以象形文化為主體的獨立系統。

〈繫辭下傳〉：「古者包羲氏之王天下也，仰則觀象於天，俯則觀法於地，觀鳥獸之文與地之宜，近取諸身，遠取諸物，於是始作八卦，以通神明之德，以類萬物之情。」這段文字清晰地描述了伏羲畫八卦的情景。

〈洛書〉用一個圓點，代表1，以此類推。〈洛書〉的構成，像一隻烏龜，有一句口訣是：「戴九履一，左三右七，二四為肩，六八為足，以五居中。」即是〈洛書〉的五句口訣。

把圓點轉化為數字，就變成九宮格。這個九宮格，非常奇妙，這其中的奇妙，就是《易經》衍化萬物的規律。

如下圖：

4	9	2
3	5	7
8	1	6

這個九宮格，橫、豎或對角，無論如何相加，結果皆是15。

《易乾鑿度》曰：「易一陰一陽，合而為十五，之謂道。陽變七之九，陰變八之六，亦合於十五。則象變之數若一，陽動而進，變七之九，象其氣之息也；陽動而退，變八之六，象其氣之消也。故太一取其數，以行九宮，四正四維，皆合於十五。」頗值得我們進一步研究其中的道理。

〈河圖〉、〈洛書〉的智慧

俗語說：「坐北朝南，賺錢不困難。」坐北朝南的房屋在風水上又被稱為「帝王向」，由於朝南的房屋不僅冬天可以抵擋寒冷的北風，同時陽光也會比較充足。此外，夏天又可以讓南風吹進家裡，通風性較好。因此，坐北朝南有冬暖夏涼的優點，也是現代人比較喜歡的坐向。

此外，自古以來，中國的建築包括帝都、宮殿、衙門及民宅等都喜歡坐北朝南，主要是中國的地理環境屬於北溫帶，在北溫帶坐北朝南，太陽直照冬暖夏涼，空氣比較好，尤其是宮殿更為明顯，例如北京的故宮座落在子午線，戴九履一，中間是五。

〈洛書〉的前面是九，中間是五，後面是一。前門叫午門，離宮屬火；後面是一，坎宮屬水，是玄武，叫北門。皇帝在中宮，五是中宮最大，前面午門是九，所以合起來就是九五之尊，九五從《易經》的乾卦而言，

陽九陰六，第五爻是君位，又叫九五之尊，基本上是來自〈河圖〉、〈洛書〉。

	离		
巽	4	9	2	坤
震	3	5	7	兑
艮	8	1	6	乾
	坎		

此外，〈河圖〉、〈洛書〉也應用在曆書，即民間所謂的農民曆。

〈洛書〉的方陣圖其實代表天道、人道及地道。

天道要看天時，包括春夏秋冬四季，〈洛書〉就演繹出來，〈震卦〉屬木代表萬物生長的春天，〈離卦〉代表夏天，〈兑卦〉代表秋收的秋天，〈坎卦〉代表歸納總結冬藏的冬天。因此，春夏秋冬就是〈洛書〉的戴九履一，左三右七，體現了天道，五在中宮，控制四時有序，在大自然中春耕夏耘，秋收冬藏，順時而作，符合大自然的運行法則。

地道談的是方位，也就是東南西北，其中五黃中宮是固定不動的。

〈洛書〉亦反映了人道的文化，華夏的文化強調五

德或五常或五倫，即仁義禮智信，在〈洛書〉中也體現出來。木為仁，金主義，道家說剛柔，木相對是柔的，所以孔子說：「於仁也柔，於義也剛。」因此，主仁也人，處事方面比較柔和，而用義去處事的手段則比較剛烈。儒家說仁義，道家說剛柔，以柔制剛。另外，火主禮，水主智慧，水要變，遇問題時要靈活變通，所以，木金火水代表仁義禮智，但是華夏文化的核心價值在中心點的「信」，所以《大學》說：「明德格物致知，誠意正心修身，齊家治國平天下。」誠意在前，華夏民族講誠信，信用是非常重要的，因此有所謂：「君子一言，駟馬難追。」此外，企業要成功的要件之一就是誠信，因此誠信也是現今企業成功的核心價值之一。

五常仁義禮智信配上〈洛書〉的戴九履一，左三右七和中宮的五與五行相配，所以〈洛書〉反映了天道、地道及仁道的中華文化。

由此可見，從民間的曆書，到建築或人生的道理都包含在這些上古〈河圖〉、〈洛書〉的智慧，確實值得我們珍惜學習，發揚光大，這也是中華文化偉大的原因之一。

《易經》是群經之首

《易經》是群經之首、群經之始，也是中國最為古老的古典文獻之一，為古代中國巫師運用六十四卦以預知未來吉凶禍福的卜筮書。

《易經》包羅萬象，更是宇宙人生的六十四個密

碼。古往今來，成大事業的人無不都學《易經》。不讀《易經》不可為將相，在古代《易經》也被稱為帝王之學。而《易經》裡面開天第一卦乾卦，是《易經》開門之卦，也是《易經》最重要的一卦，〈乾卦〉包含著人生怎樣的密碼，又教給我們什麼樣的人生智慧呢？

〈乾卦・卦辭〉：「乾，元亨利貞。」元就是開始；亨就是順利通達；利就是利益；貞就是貞操、操守。〈象傳〉：「天行健，君子以自強不息。」就是告訴我們乾為天卦的法則，是按照天道始終強健永不停息的法則來運行，也就是告訴我們做任何事，在任何階段，都需要效仿乾為天卦的法則自強不息，強調自強不息的毅力。

易學大師南懷瑾說，孔子在「乾卦」告訴我們的，人生最大的哲學是在「存亡」、「進退」、「得失」這六個字，最高明的人，就是在這六個字上做得最適當，整個歷史的演進亦是在這六個字之間。

孔子說：「假我數年，五十以學《易》，亦可以無大過矣。」意思是給我幾年時間，就算五十歲才開始學《易經》，也不算大過錯了，這也許是「朝聞道，夕死可矣」的最好闡述吧！只要能學習《易經》，不管從什麼時候開始，這一輩子也就不會有什麼遺憾了。因此，即使是五十歲才開始學習《易經》也不算晚。的確如此，更何況人生本來就是活到老學到老，保持隨時學習的欲望及動能。

漢朝的王鳳、唐代的宰相虞世南皆曾說：「不讀《易》不可為將相。」意思是說，不學《易經》的人，

不能作一個很好的大將，亦不能作為一個很好的宰相。

藥聖孫思邈也曾說：「不學《易》不足以言太醫（太醫是古代醫術最高者的稱謂）」。

總而言之，在軍事、政治、醫學三個不同領域都把《易經》當作最高的學問。

太極圖

太極圖是以黑白兩個魚形紋組成的圓形圖案，俗稱陰陽魚，將「S」倒過來呈現，倘看見太極圖以「S」呈現，則是錯誤的圖型。太極是中國古代的哲學術語，意為萬事萬物的本源。太極圖形象化地表達了它陰陽輪轉，相反相成是萬物生成變化根源的哲理。太極圖形展現了一種互相轉化，相對統一的形式美。它以後又發展成中華民族圖案所特有「美」的結構，如「喜相逢」、「鸞鳳和鳴」、「龍鳳呈祥」等都是這種以一上一下、一正一反的形式組成生動優美的吉祥圖案，極受民間喜愛。太極圖式說是《易經》「太極」思想在儒、道兩家結出的碩果。

太極、兩儀

太極一般是指宇宙最原始的秩序狀態，出現於陰陽未分的混沌時期（無極）之後，而後形成萬物（宇宙）的本源——混天太極。

宋代之後，道教思想家為了區別先天的氣與後天的氣，採用古字「炁」來代表先天的氣，代表無極，「氣」則被當成是後天的氣，為太極。這兩個字的意義又被分開。但是除了道教文獻之外，通常都以氣來概括。

太極與八卦有關，成書於東周末年的《易·繫辭傳》記載：「古者包犧氏之王天下也，仰則觀象於天，俯則觀法於地，觀鳥獸之文，與地之宜，近取諸身，遠取諸物，於是始作八卦，以通神明之德，以類萬物之情。」原與天文氣象及地區遠近方向相關，後來被宋代的理學家以哲理方式進一步的闡釋。

「太極生兩儀，兩儀生四象」最先出自《易經》。八卦是中國古代人民的基本哲學概念，是古代的陰陽學說。所謂八卦就是八個卦相，八卦是由太昊伏羲氏，也就是伏羲畫出的。八卦其實是最早的文字，是文字元號。它是華夏文化中與陰陽、五行一體用來推演世界空間、時間各類事物關係的工具。《易傳·繫辭上傳》：「易有太極，是生兩儀，兩儀生四象，四象生八卦。」唐朝經學家，也是孔子的第卅二代孫孔穎達說：「太極謂天地未分之前，元氣混而為一，即是太初、太一也。」

「太極」有兩個解釋：其一為卦畫，就是以「倒S」形分割左右為一白一黑的圓形圖，偶有看到太極是以「S」形狀呈現的錯誤圖；其二說的是卦象形成前，混而為一的狀態，即是天地未分的「渾沌」。之後，產生了「陽」直線、「陰」斷線的符號，合稱「兩儀」，分別稱之陽爻、陰爻。

四象

「兩儀生四象」的「四象」，是指陰陽兩爻相交之後所得。「四象」如同「四時」，少陽為春，老陽為夏，少陰為秋，老陰為冬，天地能長養萬物，就是有春去秋來、寒來暑往的交替變化，也有春生、夏長、秋收、冬藏的生命現象。

從中醫學傳統的理論來看，季節不同對人體各方面的影響也明顯不同。四季養生強調人必須遵循天時的變化，調養精神、飲食與起居，來適應四時的自然變化，以達到保養精氣神、避免病邪侵害，及健康長壽的目的。

八卦、六十四卦

「八卦的內容來自於《易經》，分別是乾（☰）、兌（☱）、離（☲）、震（☳）、巽（☴）、坎（☵）、艮（☶）、坤（☷）。在易學界將這八個卦稱為「經卦」，將八經卦再分別與八經卦相重所得到的六十四卦稱為「別卦」，這個兩兩相重的過程稱為重卦，以乾一、兌二、離三、震四、巽五、坎六、艮七、坤八

呈現。

「四象生八卦」的「八卦」，是指少陽、老陽、少陰、老陰再與陰陽兩爻相交之後所得。

八卦所代表的基本物象是乾象天、兌象澤、離象火、震象雷、巽象風、坎象水、艮象山、坤象地。古人認為這是宇宙最明顯的八種物象。儘管如此，八卦還是太少了，不足以說明複雜的自然現象及社會現象，於是八卦再自相重疊，排列組合就產生六十四卦，如「蹇」卦（水山蹇）就是由下艮上坎兩卦組合而成，「升」卦（地風升）則是由下巽上坤兩卦組合而成。

在八卦中，除了乾純陽卦、坤純陰卦之外，其他六卦是一陰二陽或一陽二陰組合。如果一陰二陽之卦，如巽、離、兌則為「陰」卦，象徵長女、中女、少女：如果一陽二陰之卦，如震、坎、艮則為「陽」卦，象徵長男、中男、少男。至於乾、坤則分別代表生育子女的父與母。

《易經》八卦排列組合，產生六十四卦時，上下兩個卦形成一個組合，此時，下卦稱之「內卦」，上卦稱之「外卦」，「卦」是《易經》特有表達思維的工具，任何有關《周易》的詮釋皆以卦名、卦畫、卦象、卦義四種。至於卦名、卦畫更是釋卦的前提，所以，「畫卦」的規矩就必須了解：「由下往上畫！」解卦的時候也是由下往上，依序而成，講究的就是「由內而外」的原則。

「易」是變易、變化的意思，指天下萬物是常變

的，因此《周易》是教導人面對變易的書。「易」即是
「道」的運行，恆常的真理卻也不斷更新變化，即使事
物隨著時空變幻，仍有內在的規律，即恆常的道不變，
因此，價值觀是不變的。

卦有卦義，爻有爻辭，如「乾卦」的卦義是「旱象
逢河」，研究《易經》時倘能瞭解卦辭及爻辭，則更能
掌握卦的意涵，也有助於解卦。

多數服從少數是《易經》獨有的特性

民主憲法保障人權，而民主社會有兩大特徵：一、
一人一票，票票等值：少數服從多數；二、言論自由市
場：讓「今日的少數意見」，有機會成為「明日的多數
意見」。

一個可以做到「多數尊重少數」的社會，才是真正
的民主社會，這也是民主的素養。但是《易經》卻是不
一樣，《易經》中有一個「多從寡」的基本原則，就是
「貴寡」，以「陰陽相生」代替「陰陽相抵」。簡單地
說《易經》反對「眾暴寡」的霸道哲學，而以「物以稀
為貴」為思維價值。

《易經》是生命之學

《易經》有句話「生生之謂易」，這是《周易·繫
辭》中的一個核心概念。「生生」也者，乃生命繁衍，

孳育不絕之謂也。學者認為，「生生」二字，前面的「生」表示大化流行中的生命本體；而後面的「生」為生命本體的本能、功用與趨向。功能與趨向不能脫離生命本體，而本體若是剔除功能與趨向，亦無生命可言，二者相輔相成，深刻地揭示了生命的本質。從這個意義上，我們說，《周易》是生命之學。

《易經》的三個原則：變易、簡易、不易

研究易經先要了解《易經》的三個原則：一、變易；二、簡易；三、不易。

一、變易

所謂變易是告訴世人，世界上的事與人，乃至宇宙萬物，隨時隨地都在變，沒有一樣東西是不變的。

萬事萬物隨時隨地都在變化中，沒有不變的事物。所以學「易」先要知道「變」，有智慧的人，不但知變而且能適應這個變，這就是為什麼不學「易」不能為將相的道理。

此外，在印度佛學中有一個名詞「無常」。實際上「無常」是一種佛理，也就是說世界上沒有一種東西能永恆存在的，所以名為「無常」，這就是《易經》中變易的道理。中國文化中《易經》的原則，認為宇宙中的萬事萬物，是沒有不變的。

人的生老病死，就是一種無常的現象。

英文探討《易經》方面的書籍將《易經》翻譯成

I-Ching 或 *The Book of Changes*，強調的就是《易經》具有變的原則及道理。

二、簡易

化繁為簡之意。宇宙間萬事萬物，有許多是我們的智慧知識無法了解的，在這裡產生了一個問題，也可以說是哲學上的一個對比。我常常跟朋友們講，天地間「有其理無其事」的現象，那是我們的經驗還不夠，科學的實驗還沒有出現，「有其事不知其理」的，那是我們的智慧不夠。

換句話說，宇宙間的任何事物，有其事必有其理，有這樣一件事，就一定有它的原理，只是我們的智慧不夠、經驗不足，還找不出它的原理而已。而《易經》的「簡易」也是最高的原則，宇宙間無論如何奧妙的事物，當我們的智慧夠了，了解它以後，就變得很平常、很平凡而且非常簡單。

我們看平劇裡的諸葛亮，伸出幾個手指，輪流一掐，就知道過去與未來。看起來蠻神奇的，但是確實是如此的。古人懂了《易經》的法則以後，瞭解宇宙事物以後，把八卦的圖案排在指節上面，再加上時間與空間的關係，把易經基本的公式排上去，就可以推算出發生的事情來，這就是把那很複雜的道理予以簡化，所以叫做「簡易」。

《易經》首先告訴我們宇宙間的事物無時不變，儘管變的法則極其複雜，但是不管宇宙萬事萬物如何錯綜複雜，在我們瞭解它的原理和原則後，就變得簡單了。

三、不易

　　宇宙萬事萬物隨時在變，可是卻有一項永遠不變的東西存在，是永恆存在的。那個東西是什麼呢？宗教家叫它是「上帝」、「神」、「主宰」、「佛」、「菩薩」；哲學家叫它是「本體」；科學家叫它是「功能」。

　　不論名稱為何，宇宙有這樣一個東西，那個東西是不變的，例如真理是永遠不變的。

　　以有中國哲學概念的筷子來舉例：中國人吃飯時使用筷子，順理成章，用起來很簡單，但對外國人來說卻是十分的困難，如同複雜的《易經》，但如果能瞭解其中的道理，就是「簡易」了。筷子有竹、木、銀、銅、金等不同的材質，可以簡樸，也可以奢華，此為「變易」。筷子固定是二根為一雙，本質屬性不會改變，就是「不易」，也是太極的宇宙觀。

　　筷子成雙成對，代表陰陽，太極是一，陰陽是二，一分為二，這代表著萬事萬物都是由兩個對立面組成的，合二為一是陰與陽的結合，也意味著一個完美的結果。

　　使用筷子時，一根為主動，另一根為從動；主動為陽，從動為陰，此為兩儀之象。

　　因此，從筷子的稱謂、用法和互動，說明了《易經》的三個原則，及「太極生兩儀，兩儀生四象」的智慧，這也是中國人的哲學智慧。

《易經》的三大內涵：「理、象、數」

瞭解《易經》的三個原則之後，《易經》還有三個內涵：理、象、數。

理：依據現象和數據，推論出背後的道理。

象：象徵的物體，則直述乎其形，或借喻以表其象，就是現代常說的現象。

數：指原象可喻的，如事物的本質、動能、潛力等以數理推之，代表我們相當重視的數據。

宇宙萬物任何一種現象，一定有它的理，同時每個現象一定有它的數。南懷瑾先生在《易經雜說》中舉了一個例子：一個錄音帶，是錄音用的它能錄音，其中有很多理；錄音帶的樣子、大小以及它還會放出聲音的功能，就是它的象；這個錄音帶可以錄音若干分鐘，有若干長，若干寬，就是它的數。

再舉一例，一個裝滿水的罐子，罐子裝水就是理，它有本身物質的屬性；罐子的形狀就是它的象；罐子能裝多少水，何時損壞，還會發生什麼事情，這是它的數。

這些基本原則要先記住，才能研究《易經》，再例如我們舉起桌上的茶杯，左右搖擺，這就是一個象；而左右搖擺多少度，多少秒鐘搖擺一次，就有它的數；為什麼要搖擺，就有它的理。這些是為了使大家更具體瞭解《易經》理、象、數的道理所做的舉例。

總之，《易經》的每一卦、每一個爻，都包含理、象、數三種涵義在內。人處在世界上，與這個世界的關係不停地在變，只要發生了變，便包含了它的理、象、數。

　　從本質上而言，《周易》是先人智慧的結晶。更重要的是先人在表述這種智慧時運用了占筮的方式。而且正是這一表述方式，使得《周易》與其他哲學、預測術截然不同，因為《周易》是理象數三位一體完美的結合。

　　我們研究易理，希望透過「理」、「象」、「數」來掌握未來的變化，尋求趨吉避凶的有效途徑。

　　綜合上述，理、象、數的辨證關係便可得出「易理」之學，屬於我們現代所言的哲學範疇，而象數之學則屬於科學範疇。完整的易學必須三位一體，要由象數科學的基礎來達到哲學的最高境界。

爻辭

　　爻辭是說明爻義的文辭，「周易」六十四卦，每卦六爻，共三百八十四爻，加上乾、坤兩卦各有一用爻，總為三百八十六義，故有三百八十六爻辭。每爻先列爻題，後為爻辭。爻題皆為兩字，一個表爻的性質，陽爻記為「九」，陰爻記為「六」；另一個表爻的次序、位置，自下而上，分別記為初、二、三、四、五、上。爻辭是組成各卦內容的主要部分，其體例內容、取材範圍與卦辭相類。

　　《易經》六十四卦每個卦都有六個爻，每個爻都有

一段爻辭，共六段爻辭。爻辭是對各爻下的斷語。

例：「乾卦」

初九的爻辭：潛龍勿用。

譯文：初九：潛藏的龍，無法施展。

《象》曰：潛龍勿用，陽在下也。

《象辭》說：潛藏的龍，無法施展，因為初九陽爻處在一卦的下位，所以壓抑難伸。

此外，我們所說的八卦圖，其實有兩種排列方式：先天八卦與後天八卦。先天八卦也就是俗稱的伏羲八卦，後天八卦即是文王八卦。

先天八卦相傳是伏羲氏觀察萬物所創，其所表達的都是宇宙萬物形成的大現象，其卦象分布從乾卦開始，坤卦結束，剛好表示了天地形成的過程。乾為天，自然是擺在卦圖的最上面，而坤為地，則是擺在卦圖的最下面。其他的六卦則置於天地之間，形成了一個完整的宇宙系統。

相傳伏羲作「先天八卦圖」，因此先天八卦又稱伏羲八卦，先天八卦講的是對待、對稱、平衡，就是把八卦排列為一個大圖形的外圍，中間是一個小圓形的太極。太極分為白黑兩部分，代表陽與陰，所以又稱「陰陽魚」。白魚中有黑點，黑魚中有白點；「點」狀如魚的眼睛。中分的線條是彎曲的，代表變通的趨勢。陰中有陽，陽中有陰，如此萬物不斷在變化之中。

背誦八卦有個口訣：「乾三連，兌上缺，離中虛，震仰盂，巽下斷，坎中滿，艮覆盌，坤六斷。」想學

《易經》，一定要牢記這個口訣，因為會背就會畫，並且比較不會畫錯。

《易經》三聖

由於《周易》中的八卦符號是伏羲所劃，因此《周易》就是伏羲、文王、孔子三個聖人合寫的書，即後人所稱《易經》的三聖。

在上古時期，沒有文字，伏羲氏畫八卦，始作《易經》，所以《易經》原本是「無字天書」，一套符號象徵。

伏羲發明了八卦，以一種簡單方便的符號代替了結繩記事符號。有學者稱「八卦」為中國文字的起源。可見「伏羲始作八卦」對華夏文明起源的偉大貢獻，所以，稱其為上古之聖。

中古之聖為周文王。周文王被商紂王囚於獄中，悉心演繹上古的八卦和《連山易》、《歸葬易》，並在此基礎上，演繹出新的六十四卦，並為每一卦撰寫了卦辭。其後，他的兒子周公又為三百八十四爻撰寫了爻辭，並增添〈彖辭〉、〈象辭〉、〈繫辭〉等內容，使《易經》之學更加的完備。自此，卦形便有了文字，圖文兼得，象意參照，為《易經》的成書奠定了基礎。

孔子為《易經》做《十翼》或《易傳》作為《易經》各項的註解及輔助，讓我們更加了解《易經》的內涵及智慧。

《十翼》包括〈彖傳〉上下兩篇，〈象傳〉上下

兩篇，〈繫辭傳〉上下兩篇，〈說卦傳〉一篇，〈序卦傳〉一篇，〈雜卦傳〉一篇，〈文言傳〉一篇。《十翼》實質上是七篇文章，所謂「上下兩篇」，只因它們篇幅較長，分為上下而已。

孔子所著《十翼》是研究易經非常重要的參考書籍。

伏羲畫八卦

由於在遠古時期，古人沒有工具，也沒有文字，在生活的實踐中，觀察到天上的各種現象，如出現這樣的氣象時，會下雨；出現那樣的氣象時，會打雷，於是他們想記錄下來，留給後人做提示，但因沒有文字，只能用符號來做標示。

八卦圖也是中國最早的文字，有陰有陽，推演著八種變化，繼而再次產生變化。大自然的一切一切，都在這一張會變動的圖示之中。

在傳說之中，人們常用的八卦圖是伏羲所繪製的，因此叫做伏羲先天八卦圖。

先天八卦圖──伏羲

先天八卦在說明宇宙形成的大現象，在觀察先天八卦圖時，要以中間的太極為核心及底部，往上或往外看卦，否則震與艮就似顛倒了。

伏羲八卦方位圖（先天八卦）

後天八卦──周文王

　　周文王是一位積德行仁、有大智慧的智者，在被囚羑里的這段時間，較有空閒，利用時間推演《周易》，他在伏羲八卦的基礎上，再將自己的人生經驗與智慧融會貫通、總結，而演繹出了我們現在常用的後天八卦圖，而且將這八個符號進行組合，變成了八八六十四卦。從伏羲氏到周文王，《易經》始成。

後天八卦圖

　　八卦自周文王起，到宋朝之前，一直有著都是文王所創的後天八卦。因此，後天八卦又稱文王八卦。後天八卦的排列順序與先天八卦有所不同，是因為後天八卦

與先天八卦所表達的內容不同。內容不同，自然卦圖的排列也就不同了。後天八卦所表達的是宇宙形成之後，天地間的變化和運用的法則。所以先天八卦從乾卦開始，而後天八卦則是從震卦開始。

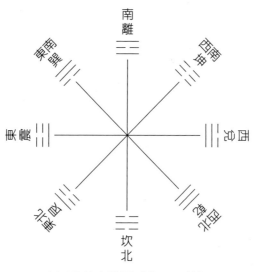

文王八卦方位圖（後天八卦）

《說卦傳》是這樣說的：「帝出乎震。齊乎巽。相見乎離。致役乎坤。說言乎兌。戰乎乾。勞乎坎。成言乎艮。」而正東方位的震卦就成為了本卦的開始，按照順時針的方向，巽東南、離正南、坤西南、兌正西、乾西北、坎正北、艮東北。由此構成了後天八卦的卦圖。

後天八卦圖的特色是：震在東方，離在南方，兌在西方，坎在北方。它的東與西，是由北方向南方看，

所以東在左而西在右，與我們使用的地圖正好相反。一般在風水上所說的「左青龍，右白虎，南朱雀，北玄武」，就是來自此圖，震是青龍，兌是白虎，離是朱雀，坎是玄武（黑色的龜與蛇）。

要特別注意的是古時東西南北方與我們現在的地圖相反：左東右西，上南下北，因為這樣的方位方便古時帝王閱讀。（與「南面」〔座北，而往南方看〕時的實際方位剛好一致。）

再配合五行來看，震為木，離為火，兌為金，坎為水，中間的土則是把位在西南的坤擺進來。在念的順序是「木，火，土，金，水」，這個順序不能念錯，因為它涉及五行相生相剋的道理。「比相生而間相剋」，依順序相生而間隔一個則相剋。五行的顏色則是「青，紅，黃，白，黑」。後天八卦圖的應用之廣，亦由此可見一斑。

有先天八卦，自然就有後天八卦，後天八卦是說明宇宙以內的變化和運用的法則。《易經・繫辭傳》說：「帝出乎震，齊乎巽，相見乎離，致役乎坤，說言乎兌，戰乎乾，勞乎坎，成言乎艮。」意思是：天帝（代表宇宙的創化力）從震位出發，到了巽位使萬物整齊生長，到了離位使萬物彼此相見，到了坤位使萬物彼此幫助，到了兌位使萬物愉悅歡喜，到了乾位使萬物相互交戰，到了坎位使萬物勞苦疲倦，到了艮位使萬物成功收場。

《周易》上經始於乾坤，終於坎離，以天地水火為天道演變的綱維。以離坎為終者，先天八卦圖中以天地

定位，而後天八卦則以離坎為天地，離坎可以說就是後天的「乾坤」。而六十四卦的最後兩卦，也就是下經的最後，則以水火兩卦組成的既濟與未濟為結尾，以為後天及易道演化之大成。

《易經》神祕的數字

我們知道《易經》就是研究「理象數」這三大部分的，三者相互緊密聯繫，缺一不可。

不管是先天八卦序數的乾一兌二離三震四巽五坎六艮七坤八，還是後天八卦的坎一坤二震三巽四中五乾六兌七艮八離九，再到大衍之數，都沒有數字零出現。

在漢字中「零」發明其實挺早的，但是開始並非代表「沒有、空無」這個意思，而是「零頭、整體之外的碎小東西、整數之外的」。真正的數字零是從印度人，後來引入到阿拉伯數字體系中，才有了「什麼都沒有」的概念，可以說八卦創作遠遠早於數字「0」。

在《易經》理論中，數字零特指無極。《易經》認為，有生於無，太極生於無極。無中生有是萬物創始的根本。無極這一狀態至空至虛，一無所有，無法度量，卻又蘊含著無法想像的創始萬物的力量。我們無法用語言來清楚描述這個狀態，只能稱之為「無」，或者定義為「0」。所以說「0」在八卦中是沒有位置的，八卦是實際存在的，是可以看得見摸得著或感受到的事物，既然可以看得見摸得著，必然有數，所以不可能是零。

陰陽

凡事皆有陰陽,如正反、上下、左右、得失、利弊、好壞、男女等,過與不及,也就是孔子所說的中庸之道,這也是做人處世的道理。

氣,為人之生氣,氣強時,相對氣運旺,反之則弱。正能量、實、看得到的,為陽;負能量、虛、看不到的,為陰。

人,為橫跨陰、陽之存在體;因人活著,有肉體,為實為陽,但同時體內又有三魂七魄,為虛為陰。清氣上升為陽,濁氣下降為陰,如何使陰陽二氣在體內達成平衡,自古以來都是修練者的課題,而如何達到「陰陽調和」的境界更是《易經》給我們的啟示。

五行的出處及本義

現在說火水木金土的五行者,一般上溯至西漢時期《尚書‧洪範》:

> 五行:一曰水,二曰火,三曰木,四曰金,五曰土。水曰潤下,火曰炎上,木曰曲直,金曰從革,土曰稼穡。

五行中「行」字的涵義是行動,而不是物質,五行就

是五種不同氣的運動，而氣即指節氣。由此可見，五行原來的意義是天地陰陽之氣的運行，亦即五個季節的變化。

五行相生相剋

五行相生：木生火，火生土，土生金，金生水，水生木。五行相剋：木剋土，土剋水，水剋火，火剋金，金剋木。

五行學說始見於夏商時期，於春秋戰國得以完善，直至今日仍深深影響中國社會的各個領域之中。

五行最初被稱為五材，包含了木、火、土、金、水這五種元素，古人認為萬物皆由這五種基本元素所構成。因此，我們可以看見古代許多的學問都與五行有著密切的關連，如：易學命理、中醫學、養生學說等。

五行相生：即有助長、促進之意，代表五行之間互相滋生、互相助長的關係。

五行相剋：以水可剋火的屬性為例，在某地發生了火災，去救火最好的方法就是用水去澆滅它，但是如果該地發生的是大火，而消防員用的水不足或水太小，則就無法滅火，此時水就無法剋火。因此，水剋火的屬性要運行發生作用，則必須水大於火，水方可剋火，其他的五行情況相同。

五行養生

值得一提的是根據中醫理論，五行「木、火、土、金、水」，代表對應的五臟是「肝、心、脾、肺、

腎」，分別代表「青、赤、黃、白、黑」。因此，在平日的飲食中可多吃相對應的五色食物及蔬菜，亦可達到保養身體五臟六腑的效果。

十天干、十二地支

中國在中古時代以前，從遠古到中古，甚至鴉片戰爭之後傳統華人計時單位用的都是天干地支，叫干支系統。

天干為十天干：「甲、乙、丙、丁、戊、己、庚、辛、壬、癸」。

地支為十二地支：「子、丑、寅、卯、辰、巳、午、未、申、酉、戌、亥」。

中國古代有干支記年月日的傳統：「十天干」及「十二地支」，兩組各自循環排序，一天干配一地支，形成六十個干支組合，以甲子為首，癸亥終結，每年賦予一組干支，六十年為一個循環，例如二〇二二年為壬寅年，二〇二三年為癸卯年，二〇二四年為甲辰年，依此類推。

動爻──變卦

變卦是由本卦經過某個爻的變動、變化而得到的，也就是變卦是由本卦變動而來。變卦代表著事物發展變化的最終結果，也就是求測者想要得到的最終結果、結局。在預測時，事物的最終吉凶結果，要由變卦來作最

後定奪。所以，預測最終要以變的結果為準。變卦為事情發展的結果，所謂神跡兆於動，因此，解卦時，動爻扮演相當重要的角色。

《老子》

《老子》書裡有一句話：「道生一，一生二，二生三，三生萬物。」

有人問為什麼是「三生萬物」，而不是「三生四」「四生五」，以至於生萬物？

或許是因為「事不過三」，一直重複也沒有什麼意思，所以寫到「三」就是「三生萬物」了，這並沒有什麼複雜的含義。

後來再仔細想想，才想到古人經常用「三」來表示約數，比如「三人行，必有我師」，代表幾個、多數的意思。所以寫到「三生萬物」就不再繼續了。

直到後來讀到《易經》，看到了「易有太極，太極生兩儀，兩儀生四象，四象生八卦，八卦定吉凶，吉凶生大業」，才瞭解老子這番話，是對《易經》中的這句話最好的解釋。

爻的中正當位

知道了「由下往上」的爻序號，開始明白陰陽位置，初爻、三爻、五爻奇數位是「陽位」或是「剛位」；二

爻、四爻、上爻偶數位是「陰位」或是「柔位」。因此，卜卦初爻本為陽爻，倘得陽爻則得位，倘得陰爻則不得位。在卜卦問事時，從卦爻是否中正當位亦是解卦的參考因素之一。例如二○二四年是甲辰年，值年卦是雷火豐，初爻及三爻本位陽爻得位，但五爻本位陽爻卻得陰位，所以五爻不得位；二爻及六爻本位陰爻得位，但四爻本位陰位卻得陽位，所以不得位。因此，六爻中有四個爻得位，二個爻不得位。

三伏天期間避免喝冷飲和吃冰冷食物

在中國的古書《史記》跟《漢書》中，分別有說過「伏」的意思，《漢書》寫「伏者，謂陰氣將起，迫於殘陽而未得升」，表示陰氣受陽氣所迫藏伏地下；而《史記・正義》則是寫「伏者，隱伏避盛暑也」，就是隱藏起來，躲避酷暑盛夏的意思。

此外，暑汗貴如金，已經進入三伏天了，三伏天一到，大家都在說：「熱！熱！避暑避暑！」

我想提醒大家：暑天不避暑，為何「暑汗賽黃金」？

「暑」字上下兩「日」，中間為「土」，火能生土；一撇右旋，實乃天道。

「暑」字詮釋了自然界一段特殊的時空狀態，乃至它對萬物的影響。

暑期是動植物生長一年之中最重要的時段，暑期的炎熱是人身心細胞生長更替的必要條件，排斥炎熱即是

否定生長。

《黃帝內經》載明道理，到夏天的時候，萬物是向上向外發散，人體內的病，骨髓裡的病都浮出來了，它失去了根基。假如你整天吹冷氣，毛孔關閉，病走出了骨髓，卻不能排出身體，就會在骨之外、皮之內遊蕩，所以全身感覺渾身痠痛、難受、坐不好、躺不下。

所以夏不炎熱、汗流不出，秋冬必然寒涼，為今後造成血栓、中風、痴呆等病症埋下禍根。

因為暑期是萬物生長的季節，避暑是「逆天」而行。因此，把毛孔打開！使酸性的汗流出來，使身上的毒氣和味道散發出去。

我們可以利用這短短三伏天的時間，遠離一切生冷寒涼。適當運動，把體內深層的汗流出來，把濕氣排出去，才是最重要的養生之道。

以二○二三年的三伏時間為例：

初伏：七月十一日至七月二十日，共十天
中伏：七月二十一日~八月九日，共二十天
末伏：八月十日~八月十九日，共十天

二○二三年的三伏天有以下三個特點：

一、時間比較長

四十天。一般初伏十天，末伏十天，中伏則十天至二十天不等，由於二○二三年的中伏是二十天，加上初

伏及末伏各十天，所以三伏天是四十天，較一般的三伏天約三十天或少於四十天為長。

二、母伏：天氣比較涼爽

民間流行一句話，公伏兇，母伏爽，如果二〇二三年的三伏天是公伏，那麼三伏天就特別的熱；相反的，如果是母伏，就會比較涼爽一些，氣溫會稍微低一點，降雨會稍微多一些，不會那麼熱。如何得知是公伏或母伏呢？以入伏當天的農曆日期決定，奇數為陽，為公伏，偶數為陰，為母伏，二〇二三年的入伏日是陽曆的七月十一日，農曆的五月二十四日，是偶數，所以該年的三伏天就是母伏了。

三、處暑出伏後：預示豐收年

民間諺語：「處暑出伏前，必定是災年，處暑出伏後，遍地是黃金。」意思是處暑節氣來了，還沒出現三伏天，當年可能農業不太豐收或有些自然災害；如果處暑節氣來的時候，三伏天已經結束了，那麼這一年可能是一個豐收年。二〇二三年的出伏是八月二十日，處暑節氣是在八月二十三日，因此是處暑出伏後，預示該年是一個豐收的年景。

在這四十天的時間內，請不要喝冰冷之類的冷飲料和食物，否則會使寒氣入侵而不能排出，不利於身體的健康。冬天之所以怕冷，腳會冰涼都是因三伏天不注意所導致，要想使體內的寒氣排出，請堅持在三伏天期間

喝熱水、薑棗茶、常溫水，則可把體內深入骨髓的寒氣逼出來，有益健康。

可是，一般人在夏天天氣熱的時候，特別喜歡喝冷飲或冰涼食物，也有人喜歡洗冷水澡，認為這樣可以消暑。實際上，此是適得其反。因此，請珍惜一年一度的三伏天！根據每年干支紀日不同，三伏天為期三十至四十天不等，請珍惜每年的這段期間，注意關心自己的身體健康！

易學大師南懷瑾：「陽氣要退伏了，所以叫『三伏天』。」

我們從井水的情形就可以知道，夏天的井水是涼的，冬天的井水是溫的，就是因為地下有陽氣。所以中國人吃東西，也是依照宇宙的法則來的。冬天可以吃冰淇淋，吃太涼的東西也沒有關係，因為胃的陽能內斂，夏天外面很熱，而陽能向外放射，裡面是空的、是寒的，所以不吃冷的。因此，中國人以前空腹不吃水果，飯後也不吃水果，一冷一熱，慢慢就容易出毛病，現在卻學西方，反而將飯後吃水果，認為是科學。

《易經雜說》

南懷瑾大師在其所著的《易經雜說》中強調我們必須讀《黃帝內經》，因為瞭解《黃帝內經》就會懂得養生之道，也就懂得如何修道了。

《黃帝內經》

中醫第一部要讀的書《黃帝內經》，其中第一篇就是說人要了解陰陽六氣，現在的人都不相信，學中醫的也不肯讀，認為是空洞的理論。陰陽就是正面、反面，陰陽兩個字是代號，什麼事都有正反兩面，是相對的。甚至每天的氣候，每件事情也都是相對的。十二個月當中有六種變化，所以說是六氣。

六氣就是風、寒、暑、濕、燥、火。現在假設不開冷氣坐在室內，或到外面曬一下太陽，是什麼感覺呢？一般而言，梅雨季節過了，馬上就到三伏天，就是《黃帝內經》講的燥、熱、火。這個季節，身上難受，所以梅雨季到三伏天最嚴重，這是講身體外面的感受。

學醫的就要知道，夏天身體內反而是寒的，我們的胃是寒的，可是大家喜歡夏天吃冰涼的東西。以養生之道來講，修道的人夏天反而要喝熱的，吃熱的。有人夏天特別喜歡喝冰水，並以冷水洗澡，此與身體的內在結構是反其道而行，對身體健康有害。因此，我們的身體要融合及順應地球自然的物理現象，才會健康平安。

五術：「山、醫、命、卜、相」

五術是中國傳統文化中極為重要的組成部分，並影響到漢字文化圈其他地區，是對龐大複雜的道術（秦

漢前稱方術）系統的最主要的分類，一般認為包括山、醫、命、卜、相五類，後三術又歸類於術數。五術的「山、醫、命、卜、相」基本構成，都是源自易經，山是山川、醫是中醫、命是命理、卜是卜卦、相含面向、骨相、掌相及易經涵蓋時空，宇宙的萬事萬物，都是陰陽相互對立又能相互轉化，如冬去春來，夏去秋來，月升日落，老死少生等等。

蘇軾參加科舉考試題目之一：「重巽以申命論」（政令如何深入民心）

蘇軾在嘉佑二年（1057年）赴京參加春闈科舉，其中有一題目：「重巽以申命論」。

宋仁宗嘉佑二年，蘇軾應殿試，他所作的策論是《御試重巽申命論》。這篇論文從《易經》的巽卦入手，以風的特點來論述儒家的王道，不僅新鮮形象，饒有趣味，而且比喻恰當，感染力極強。但是，論文在思想內容上存在重大問題，那就是作者對待儒家和法家的態度，即倡儒有餘，非法用力。

《易經・說卦》云：「巽為風。」蘇軾闡發道：「巽之配於風者，以發其而有所動也；配於木者，以其仁且順也。故發而有所動者，不仁則不可以久；不順則不可以行。故發而仁，動而順，而巽之道備矣。聖人以為不重，則不可以變，故因而重之，使之動而能變，變而無窮。故曰『重巽以申命』。」這段話的條理非常清

晰，論證非常嚴密。

　　由巽配以風的動態和配以木的柔仁出發，認為只有仁可以達到永動，也就是只有仁才可以使社會永遠充滿活力，只有以聖人之道來治國，以仁義之道來理天下，萬民萬物才能夠煥發勃勃生機，雖永動卻不亂。

　　蘇軾從孔子的學說引申出來的所謂「重巽以申命」，這句話放在今天也許感染力不強，但是在重視《易經》的宋代，這句話卻是合於時代所需。

　　蘇軾接著使用自己善於寫賦的藝術本領，他寫道：「至於風，悠然布於天地之間，來不知其所自，去不知其所入。噓而炎，吹而冷，大而鼓乎大山喬嶽之上，細而入乎竅空蔀屋之下。發達萬物，而天下不以為德，摧敗草木，而天下不以為怒。故曰天地之化育，有不可求而得者。此聖人之所法，以令天下之術也。」風行天地之間，自由自在，且無處不至，巨細不漏。風傳播花粉，使草木得以結子延嗣，使人間得以草長鶯飛，但同時風也會摧折草木，製造秋冬的肅殺悲涼。

　　蘇軾從風生萬物而萬物不知報恩，風摧萬物而萬物並不發怒，來說明儒家之王道就在於：統治者治理萬民，或恩澤或殺伐，是根據需要而來的，而萬民並不能體會到恩威之所源。因此，則可達到垂衣而治的境界了。蘇軾的這段話不僅解釋了「重巽以申命」的道理，而且有所深化，即以仁和禮循天下之跡治理天下，方能無跡而治。但是，有學者認為他的這種觀點明顯有美化、吹捧封建統治集團而蔑視、貶抑勞動人民的傾向，蘇軾不明白北宋積貧積弱

的原因，只把原因歸結為勞動人民的無知，這不僅是蘇軾作為封建文人士大夫的局限性所在，也是他故步自封成為北宋王安石變法反對派的根源所在。

此命題主要讓考生以《易經》第五十七卦「巽」的特色加以發揮，政令如何如風一般進入百姓的心中並被接納。《說卦傳》：「巽為風」，兩風相隨，一陣又一陣，有反復持續之意；《大象傳》：君子由此領悟，要反復宣達命令，以推行政事。

「巽」含有順及深入之義，即深入事務之中。政府的政令要如風一般進入萬物之中，而被人民接納，因此，要順事務之理。此外，「巽」亦有謙遜之義涵，唯有謙遜深入，即政策的宣導，就像風一樣，要深入滲透，才能獲得民心的支持。該道理亦適用在企業，企業領導人要讓員工落實企業的核心價值，讓員工瞭解並具以執行，以達到企業的永續發展。

總之，此科舉命題再次說明在古代的文人學習《易經》的重要，尤其易經在歷史的潮流中迄今仍扮演著舉足輕重的地位，且歷久而彌新。

二十四節氣

古代《逸周書・時訓解》首先記載，以五日為一候，三候為一氣，六氣為一時，四時為一歲，一年二十四節氣共七十二候。北魏「正光曆」又將「七十二候」正式載入曆書。當代綜合研究表明，物候的出現要早於

節氣，它是形成二十四節氣的先河，也是中國遠古最早的結合天文、氣象、物狀指導農事活動的曆法雛形。

中國的農民曆有二十四節氣，如立春、雨水，驚蟄、春分……，兩兩一組，前為節，後為氣，所以「立春」為節，「雨水」為氣……，所以這也是何以說春「節」之因！

以二○二三年的節氣為例如下：

季節	月份	節氣
春	二月	立春：2/4 雨水：2/19
	三月	驚蟄：3/6 春分：3/21
	四月	清明：4/5 穀雨：4/20
夏	五月	立夏：5/6 小滿：5/21
	六月	芒種：6/6 夏至：6/21
	七月	小暑：7/7 大暑：7/23

季節	月份	節氣
秋	八月	立秋：8/8 處暑：8/23
	九月	白露：9/8 秋分：9/23
	十月	寒露：10/8 霜降：10/24
冬	十一月	立冬：11/8 小雪：11/22
	十二月	大雪：12/7 冬至：12/22
	一月	小寒：1/5 大寒：1/20

二十四節氣的歌訣只有四句，短小凝練，很容易隨口背誦：「春雨驚春清穀天，夏滿芒夏暑相連，秋處露秋寒霜降，冬雪雪冬小大寒。」

二十四節氣的立春是四季之首作為農耕參考，但為了協調兩曆，農曆以冬至過後的第二個農曆月（不計閏月）的朔日（新月之日）為正月初一，即農曆一年之首，並採用十九年七個閏月的安排。因此許多時候，農

曆年初一比立春遲來，但有時候農曆年初一又會比立春早，原因主要是受到閏月的影響。

另外值得一提的是二十四節氣中的「小滿」，是華人很有哲學意涵的一個節氣，是夏季的第二個節氣，也是二十四節氣的第八個節氣。

從另一個角度看，華夏民族認為沒有永恆的完美。因此，為人處世也不需要刻意去追求完美和圓滿，俗話說：「月滿則虧，水滿則溢。」這也反映了面對人生的態度要如小滿一樣。北宋蔡襄稱頌二十四節氣的詩詞〈小滿〉：

> 花未全開月未圓，
> 半山微醉盡餘歡，
> 何須多慮盈虧事，
> 終歸小滿勝萬全。

這首詩歌的意思是：人生最重要的是享受「花未全開月未全圓」的過程，而不是急於去得到「花好月圓」的結果。

該詩是蔡襄（1012年－1067年）所作，原詩見於蔡襄《山堂詩帖》。在宋代書法家中，蔡襄年齡輩份應在蘇、黃、米之前。從書法風格上看，蘇軾豐腴跌宕；黃庭堅縱橫拗崛；米芾俊邁豪放，他們書風自成一格，蘇、黃、米都以行草、行楷見長，而喜歡寫規規矩矩的楷書的還是蔡襄。

「酒飲微醉」才是恰到好處,「花看開半」才是妙意。

「致遠書香」主持人寧曦在介紹「小滿」節氣時,提到唐宋八大家的北宋歐陽修〈五絕小滿〉對〈小滿〉景物的描寫:

夜鶯啼綠柳,
皓月醒長空。
最愛壟頭麥,
迎風笑落江。

這是形容初夏的旺盛生命力,從天文學來看,斗子甲,太陽達到黃經六十度,一般是每年陽曆的五月二十日至二十二日之間交節,例如二〇二三年的小滿開始於五月二十一日。

乘風破浪,人生小滿,不自滿,則知不足,人生不要追求完美,小滿就好,所謂知足則常樂也。

古人根據月相編制了「太陰曆」,把月亮全黑時(朔)定為月初(初一),把月亮全亮時(望)定為月半(十五),一年有十二個月或十三個月(閏年),而靠近立春的那個月份初定為正月,正月初一被定為春節。

由此可見,春節是由正月的月相決定的,正月的位置是由立春決定的,所以,歸根結底,春節是由立春決定的。於是,華夏民族就擁有了兩套曆法系統:一個是「太陽曆」,即二十四節氣;一個是「太陰曆」,即農

曆十二月或十三月（閏年）。立春、清明、夏至、冬至等日子屬於前者，而春節、元宵、端午、七夕、中秋、重陽等節日屬於後者。

華夏民族的聰明之處，是把這兩套系統編制到同一套曆法中，創造了一個「陰陽合曆」，即「農曆」。農民曆是農業社會時節與日常生活的參考用書，為古人流傳下來的經歷及體驗。經千年累月撰寫與添加各項內容後而完成現今流傳的農民曆，也俗稱「夏曆」，當然也包括二十四節氣在內。

十二經絡養生時間表：依循作息養生事半功倍！

人體的每條經絡都對應一個運行最活躍的時辰，只要能依循作息，就有養生的功效！

歌訣：

太陰足脾手肺臟，
陽明足胃手大腸，
少陰足腎手心臟，
太陽足膀手小腸，
厥陰足肝手包絡，
少陽足膽手焦當。

足太陰脾經，手太陰肺經。足陽明胃經，手陽明大腸經。足少陰腎經，手少陰心經。足太陽膀胱經，手太

陽小腸經。足厥陰肝經，手厥陰心包經。足少陽膽經，手少陽三焦經。

戌時（19-21）：走心包經，是血液循環旺盛的時間，此時血壓升高，應該在家中休息。

亥時（21-23點）：走三焦經，是人體免疫系統休息與濾毒的時間，也是女性內分泌系統最重要的時候，這時一定要休息，不要操心，可以聽音樂、洗澡、為明天作計畫，準備入睡。

子時（23-1點）：走膽經，要進入「熟睡」，膽才能進行排毒。

丑時（1-3點）：走肝經，也是要熟睡，肝才能進行排毒。若是從事夜間工作，每週至少要有一天、每月要有一週、每年最少要有四個月能早睡。

寅時（3-5點）：走肺經，肺有問題的人，此時咳嗽會較厲害。

卯時（5-7點）：走大腸經，因此早上7點之前要排便。

辰時（7-9點）：走胃經，早餐在7-9點之間吃完，可以稍微按摩腹部。

巳時（9-11點）：走脾經，此時按腿部內側，對消水腫、改善過敏最有效。

午時（11-13點）：走心經，此時陽氣最旺，午睡30分鐘養心經。依據科學的統計，午飯後倘能小憩片刻，對下午的工作效率頗有助益。

未時（13-15點）：走小腸經，小腸吸收養分的時間，過了這個時刻，腸胃功能減弱，因此有「過午不食」的養生說法。

申時（15-17點）：走膀胱經，可以多敲打臀部、大腿後側，幫助疏通膀胱經。

酉時（17-19點）：走腎經，適合運動，有助於腎臟排泄毒物。

周遭的親友常有夜貓子的習慣或學生為準備考試常有熬夜的情況，因此，凌晨1-3點仍未睡覺，由於此時走肝經，該休息而未休息，特別傷肝。有一位友人因常熬夜，1-3點仍未休息，致60餘歲時，某日發覺身體不對勁，到醫院檢查，發現肝指數已飆漲，結果治療半年後，還是回天乏術離開人間了。

老祖宗的智慧，你倘能參考十二經絡養生的時間表作息順勢而為，與自然合而為一，則長期而言，對你的身體一定會有助益。

午時三刻與三更半夜

看電視劇裡面經常說：午時三刻處斬。為什麼呢？午時是11點開始；一刻等於14分24秒，三刻就等於43分12秒。

午時三刻按現在的計時方法，也就是11點43分左右。按陰陽家的說法，此時是一天之中陽氣最盛之時。午時三刻開刀問斬，因陽氣最盛，人死後的陰氣會立刻

消散，罪大惡極的犯人，被斬後「連鬼都不得做」。罪刑輕者，可在正午或其他時辰開刀行刑，讓其有鬼做。

「更」按現在的說法，可以理解成夜班時間表。漢代皇宮中值班人員分五個班次，按時更換，叫「五更」，也叫作五鼓或五夜。

由此便把一夜分為五更，每更為一個時辰。戌時為一更，亥時為二更，子時為三更，丑時為四更，寅時為五更，其對應如下：

一更天	戌時	19：00–21：00
二更天	亥時	21：00–23：00
三更天	子時	23：00–01：00
四更天	丑時	01：00–03：00
五更天	寅時	03：00–05：00

明朝的民間諺語：
「三分天下諸葛亮，一統江山劉伯溫。」

諸葛亮及劉伯溫二人皆是《易經》方面的高人，對後世的影響亦頗深遠。

諸葛亮可謂是三國時代蜀國頭號軍師，他上知天文，下知地理。在茅廬中就能得出「三分天下」的結論，諸葛亮的神機妙算令世人稱讚，以至人人都說「得孔明者得天下」。

劉伯溫是明朝的開國元勛，通經史、曉天文、精兵法。他輔佐朱元璋完成帝業、開創明朝並盡力保持國家

的安定，因而馳名天下，被當時的人比作諸葛武侯。甚至連朱元璋也稱讚：「吾之子房也。」

這一世的劉伯溫不但知天命，行人事，盡心盡力的輔佐大明王朝；他留下的預言為後世，乃至今天的我們，都有很大的提醒，足可見劉伯溫的影響力之大。

朱元璋得他一人如虎添翼，無論是打江山征戰，還是建國後的穩定政局，劉伯溫為大明朝立下了汗馬功勞。

人們常說劉伯溫可以和諸葛亮一比高下，看看兩人的功力哪位較高，有此一說劉伯溫就是諸葛亮的轉世。

劉伯溫居住在少城的時候，恰好住在孔明舊府，府上有一牌匾書「天下第一人」。他問隨從，是誰這麼大的口氣，敢說自己是天下第一人？隨從告知是三國時的孔明先生。

劉伯溫聽後心想：孔明雖是難得一見的奇才，但六次北伐中原無果，明知天意不可違而為之，也妄稱是天下第一人啊，於是吩咐左右：「來人，把這牌匾拆了。」

隨從在拆牌匾的時候發現中間還有一個牌匾，一行四言詩露了出來：「前朝軍師諸葛亮，後朝軍師劉伯溫。五百年前吾知汝，五百年後汝知誰？」劉伯溫一看，頓時對諸葛亮肅然起敬，原來，五百年前諸葛亮就算出來，會有這麼一天。

劉伯溫協助朱元璋得了天下，有一天無意經過一座廟，廟裡有座石碑，碑上寫著「先姜尚，後孫臏，五百年前諸葛亮，五百年後劉伯溫。」

劉伯溫才瞭解，原來自己前幾世的轉生，都是為了

修練得道成仙，於是，隱世修行去了。

　　諸葛亮及劉伯溫二人的歷史定位在在說明學習《易經》的重要性。

三、《易經》與生活

為何說「買東西」，卻不說「買南北」

　　現代生活中有很多的用語及觀念是來自《易經》，舉下面幾個例子說明：

　　我們把所有的東西都叫東西，為何不叫南北呢？例如，請把那個南北拿給我，對方可能就聽不懂，為何如此？依據〈河圖〉九宮及後天八卦的方位，東是木，西是金，所有的東西，大部分都是木頭和金屬組成的，所以就叫「東西」；另外，東西也可以裝在籃子裡，但南北呢？南是火，北是水，水跟火無法結合在一起。你用火來煮水是可以的，但是要把火跟水組合成一樣東西或物件，實屬困難，而且水和火也無法裝在籃子裡，所以就不叫東西。因此，我們說買東西，卻不能說買南北，也就是根據這個道理來的。

為何說「不三不四」，卻不說「不一不二」，或「不五不六」

　　《易經》的八卦由六爻組成，由下至上分別為初

爻、二爻、三爻、四爻、五爻、上爻。八卦六爻配三才，上爻與五爻為「天位」，初爻與二爻為「地位」，天地之間的三爻與四爻就是「人位」。所以當別人罵你不三不四的時候，其實就是罵你不是人，不在人所處的位置上，做一個稱職的人。

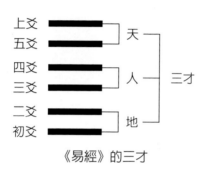

《易經》的三才

《易經‧說卦》：「是以立天之道，曰陰與陽；立地之道，曰柔與剛；立人之道，曰仁與義；兼三才而兩之，故《易》六畫而成卦」。大意是構成天、地、人的都是兩種相互對立的因素，而卦是《易經》中象徵自然現象和人事變化的一系列符號，以陽爻、陰爻相配合而成，三個爻組成一個卦。「兼三才而兩之」成卦，即是這個意思。

《周易‧繫辭下》：「易之為書也，廣大悉備：有天道焉，有地道焉，有人道焉。兼三才而兩之，故六。」

《三字經》：「三才者，天地人。三光者，日月星。」從古到今無數人在研究、參悟天地人三才，倘參悟透了天地人三才，就可瞭解整個宇宙演化的規律。

為何說「天南地北」，卻不說「天北地南」

來源於先天八卦圖，先天圖中代表天的乾卦位於南方，代表地的坤卦位於北方，故說天南地北。因地理是人站在中央，以經緯線來定方向，面向北，故上北下南左西右東。而現今所用的《周易》即是周文王所流傳下來的後天八卦，是北坎南離，東震西兌，是人面南而站立觀察。角度不同，方位不同。

為何說「七上八下」，卻不說「八上七下」

成語「七上八下」形容心裡慌亂不安，無所適從的感覺，也指零落不齊或紛亂不齊。此成語出自明施耐庵《水滸全傳》第二十六回：「那胡正卿心頭十五個吊桶打水，七上八下。」

「七上八下」常用來形容心裡慌亂不安、忐忑的樣子，但是這裡的「七」和「八」是什麼意思呢？

「七」和「八」在《易經》中是這樣講的：太極生兩儀，兩儀生四象。這其中的四象分別說的是老陰、老陽、少陰、少陽。在《周易》象數中，老陰數六，老陽數九，少陰數八，少陽數七，而老陰老陽易變，少陰少陽性質穩定，陽代表上升，就是代表著向前向上發展；陰代表著降，也就是說向後向內發展。所以代表陽的七為上，代表陰的八為下，合起來就是「七上八下」。

「七上八下」是說本該性質穩定的少陽少陰，卻變得不能決斷是陰或陽。所以後來「七上八下」用來形容心中慌亂，無所適從。

其實很多話如果瞭解它的原意，你就知道該怎麼使用了，我們後來用九和六也是這個道理。九代表陽，六代表陰。《易經》的九與陽是密切相關的，六與陰也是密切相聯的。

為何說上廁所、下廚房

中國自古以來就有五行，五行分別對應五個方位。古代廁所建造在北面偏東的位置，廚房要建造在南面偏東。去南方時，習慣說南下（皇帝下江南），去北方時，習慣說北上。當要去廁所時，要去院子的北面，所以說上廁所。當要去廚房時，要去院子的南面，所以說下廚房。

一元復始

一元指的是乾元，或為陽氣，復為「復卦」（地雷復）。一元復始原意是指復卦那一個陽爻，該陽爻也是乾元的歸來，象徵一個卦氣循環的再次開始。

因此要瞭解一元復始除了要瞭解復卦，還要知道卦氣理論，以及十二辟卦（又稱十二消息卦）。

「復卦」也是十一月之卦，於時為冬至，這個時候

正是天寒地凍，萬物俱寂的時候，所以《象》曰：「雷在地中，復，先王以至日閉關，商旅不行，後不省方。」

就卦象來看，雷在地下，雷為動、為春生，是萬物的生機、生命。生機藏於地下，為冬眠之象。簡單說：復卦大約在冬至，為萬物冬眠之時。

另「復卦」也有「周而復始」，也就是事情完成一次循環而重新開始的意味。人生總是有起有伏，短暫的失意及挫敗在所難免，不必太在意，而應以累積失敗的經驗，檢討失敗的原因，重新出發；宛如打一場高爾夫球，共18洞，難免1洞打壞了，但不必氣餒，下一個洞再重新開始，若能以此態度面對生活，則人生將活得更為精彩充實。

三陽開泰

「三陽開泰」或「三陽交泰」是新年吉祥的賀詞，表示佳運即將開始，羊年時常用三隻羊表吉利，乃取其諧音。

「三陽」表示春天的開始，源自《易經》地天泰卦的內卦（下卦），即乾卦的初九、九二、九三（初陽爻、二陽爻、三陽爻）的三根陽爻。

泰卦於時節上屬春季「建寅」之卦，表示萬事通泰。

否極泰來

否卦（天地否）為七月之卦，談的是閉塞不通的時候；泰卦則是一月春天之卦，為萬物通泰。

泰卦，地天泰，乾下坤上，在下的乾，陽氣上升；在上的坤，陰氣下沉。於是陰陽二氣相交，具天地交而二氣通之象，屬吉卦。「否終則泰」就是表示物極必反，惡運到了極點，好運即將降臨。就卦象來說，泰卦為小往大來，陰氣離去，陽氣歸來，小人退散，君子當政。陽氣上升，陰氣下行，天地交泰。因此，萬事通泰。

反之，否卦為大往小來，陽氣離去，陰氣歸來。君子遠退，小人當道。陰氣下沉，陽氣上亢，天地不交而萬物閉塞。

否極泰來意指閉塞不通到極點之後，就會轉為通泰。就《周易》經文來說，否卦，天地否，乾上坤下，六爻發展，至外卦時的確呈現否極泰來之勢，即外卦三爻開始有通泰之義，也就是「先苦後甘」的意思；反過來，泰極則否來，泰卦六爻發展到外卦時，則開始漸漸進入否卦的閉塞不通，也就是物極必反之意。

九五之尊

《易經》每卦中都有六爻，六爻從下到上的名稱分別為初、二、三、四、五、上，這六個位置都有不同的

意義。

其中第「五」爻是最尊貴的位置，也可象徵君王之位，正所謂「初民二士三大夫，四作公侯君在五，六為宗廟社稷神」。

《周易》的六十四卦，第一卦「乾卦」為天，自強不息，一般代表帝王也就是皇帝。而這「乾卦」由六條陽爻組成，是極陽、極盛之相。從下向上數，第五爻稱為九五，九代表此爻為陽爻，五為第五爻的意思。而九五是乾卦中最好的爻，乾卦又是六十四卦的第一卦，因此九五也就是六十四卦三百八十四爻的第一爻，成為帝王之相。

此外，《易經》有崇尚中庸的思想，而五的爻位在兩方面體現了中庸。首先，五是上卦的中爻，上卦也就是上面三畫，五居於中間（二則是下卦的中爻）。其次是，五的位置雖然高，但並不會過高，到了「上」就是過高，所以乾卦九五說「飛龍在天」，然後上九說「亢龍有悔」，亢就是高的意思，所以孔子說「貴而无位，高而无民」。

如果陽九居於五這個尊位，也就是「九五之尊」，那麼又是尊貴中的尊貴。因為爻位有陰有陽，陽剛居陽位就是「當位」，為吉，反之，倘居陰位則不當位，為凶。五為陽位，陽九居之，當位而吉，貴而不亢。若是六（陰）居之，則不當位，為凶。在解卦時，陽居陽位，陰居陰位，就所問的問題，屬吉向之一，但仍需搭配看其他的條件併論。

易學大師曾仕強教授表示，現代人往往喜歡追求頂級，但《易經》告訴我們九五之尊最好，人不要上到頂。的確，物極必反，因到頂就要往下走了，居高則危也。此外，「九」意味著最高峰不偏不倚的鼎盛之地，「五」具備人性，也是中國古代人對「中庸」之道的理解和崇敬，是一種高而不傲的處世態度。

變卦

因為卦是會因時變動的，所以叫變卦。我們常說，你怎麼原先說好的事又「變卦」了，說話不算數。卦成了以後它會變，只要一個爻變，即動的爻為動爻，整個卦就會變，例如乾卦，動第三爻，第三爻變了後，則由乾卦變成天澤履卦（☲），所謂牽一髮而動全身。乾卦動第三爻後變成天澤履卦。

以《易經》的道理去看人生百態，一舉一動，都有相對、正反、對錯、左右、上下、有得意就有失意、有人贊成就有人反對，人事物理都有一定的道理，離不開這個宇宙的大原則。

《易經·繫辭》：「是故君子安而不忘危，存而不忘亡，治而不忘亂，是以身安而國家可保也。」人生在世，萬事起伏，並非恆常不變，如何面對無常，這不僅是工作的一部分，也是生活的一環。因此，《易經》提醒我們要居安思危，不論外在環境的變化，應以不變應萬變，及以更開放和積極的態度去面對人生。

出生的生肖要等到立春才開始

　　我在未學《易經》以前，與很多人的觀念一樣，傳統上以為農曆初一即是該年生肖的開始。其實不然，應該以立春做為生肖的開始，例如二○二○年歲次庚子，農曆初一是陽曆一月二十五日，當天出生的會以為生肖屬鼠，其實不是，因立春是農曆一月十一日，陽曆則要到二月四日的下午五點三分，這個時間（含）之後出生的生肖才屬鼠，期間落差約十餘天。

　　立春是一年中的第一個節氣，「立」開始之意，立春揭開了春天的序幕，表示萬物復甦的春季開始。隨著立春的到來，人們明顯地感覺到白天漸長，太陽也暖和多了，氣溫、日照、降水也趨於上升和增多。人們按舊曆習俗開始「迎春」。

　　再舉一例，二○二三年歲次癸卯，農曆初一是陽曆的一月二十二日，當天出生的會以為生肖屬兔，其實也不對，因立春是農曆的一月十四日，陽曆要到二月四日上午的十點四十三分，這個時間（含）之後出生的生肖才屬兔，期間落差約十餘天。

　　總之，初一到立春之間出生的人尤需注意，生肖要等到立春時才是當年生肖的開始。

四、《易經》與健康養生

實際上，《易經》與我們的健康是息息相關的，六十四卦的養生智慧，對我們的養生及心，甚至靈皆有幫助，尤其在養生之前，更應先從養心做起。因此，如能瞭解《易經》六十四卦三百八十四個爻辭的養生心法，則健康將與你同在。

醫學博士趙世晃，常年執醫及致力研究醫學，他所著《易經說養生先養心》一書，強調用六十四種養生智慧美化人生，讓你的人生活得更美好。以「乾卦」為例，乾為天，養生需要的「抗逆之心」，即龍族的養生，六個陽爻，代表最剛強不屈撓的本體，如同一隻飛龍，藏有天神般的潛能，克服萬難的能量。因此，乾卦的養生：需要潛藏避禍，屈就實踐，敬慎競爭，勇於創新，擁有自己的天空，展翅高飛，挑戰自己的紀錄，挑戰自己的極端。

再舉「坤卦」為例，坤為地，需要有「願意之心」，馬族的養生，代表大我的柔順，如大地承載萬物，像一批馴馬的本質，沒有過多的意見與習氣，以忠誠的態度伺奉主人的心，如同隨時為子女犧牲的母愛。因此，坤卦的養生：以柔順剛，少言多聽，概括承受，玉成別人，並有犧牲奉獻的精神。

的確，現代人雖頗重養生，但依據最新的醫學數據，台灣人在平均餘命約八十歲的前七至八年，是躺在

床上或身體健康已亮起紅燈，生活品質不佳。因此，如何活得更健康，讓生活的品質更好，縮短躺在床上的時間，趙博士的這本著作值得一讀。

五、《易經》與外交

（一）太極圖的內涵

現今的國際政治情勢錯縱複雜，美中的競合及對立造成國際政治的動盪。中美關係倘能達到陰陽的互動及平衡，則世界將更趨於和諧。

香港實驗藝術團體「進念二十面體」聯合藝術總監／行政總監胡恩威曾在《亞洲週刊》撰文「中美陰陽五行關係」，強調中美關係並非「零和」（zero-sum game），兩國因利益互相影響，無法脫鉤，應要有「共存」的觀念，並運用《易經》新的思維及架構，以太極圖中的陰中有陽，陽中有陰，互相合作，並保持良性的競爭，則符合全球的利益。

近年來，西方研究中華文化漸成為顯學，《易經》很早就譯成英文，歐美的部分大學也有開設《易經》的課程，盼能掌握及瞭解《易經》的內涵及精髓，顯示對中華文化的重視。因此，美中應改變思維，共同思考建構一個以對話取代對抗，及平衡與對等的全球化生態，若此，則是世界之福也。

（二）「坤卦」、「師卦」及「謙卦」的核心價值

現今的國際情勢詭譎多變，二次大戰後迄今，2022年的2月24日竟仍發生俄烏戰爭，造成雙方的死傷慘重，且難民以數百萬計，對全球的政經帶來巨大的衝擊。部分學者認為，這場戰爭並非非打不可，應可避免卻沒有避免，造成世界同受其害，令人不禁感嘆戰爭的殘酷。

中華文化的《易經》六十四卦或可提供當代領導人另一種思考方式及領導藝術，以達致和平的目標。我想提供其中三個卦，為國家領導人提供《易經》的外交智慧及啟示。

坤卦

《易經》的第二卦「坤卦」，其卦義代表大地的包容力，即有容乃大；「坤卦」也代表柔順謙卑。

《象》曰：地勢坤，君子以厚德載物。代表大地的厚德載物。

「坤卦」六爻皆陰，所呈現的核心精神是柔及順，是柔順但不是柔弱，即運用陰柔的特性，達到順載萬物的從屬性。

領導人若能凡事以「坤卦」的象徵精神「順」及「包容」出發，即順服正道，如大地承受天所造，以順承接萬物，則國家間的交往自然安順。戰爭本無贏家，

兵法常說：「傷敵一千，自損八百」，如同金庸小說中的七傷拳，傷人七分，損己三分，是指表面上取得了勝利，但是自己也損失慘重。其實，我們需要明白：傷人就是傷己，這樣的例子在歷史上總是屢見不鮮。「覆水難收」，可預期俄烏戰爭結束後的國家及人民心靈的重建工作，將是一條很漫長的道路。

師卦

　　《易經》的第七卦「師卦」（地水師），本意是「聚集兵眾，出兵打仗」。「師卦」說明出師征戰如果要打贏勝戰，所需要的是正義之師，即師出有名，並且要讓有能力和品性的將軍來領導軍隊才能打贏仗。

　　《彖傳》曰：「師眾也，貞正也，能以眾正，可以王矣。」「師卦」是因為兩國爭訟，因此聚眾出師以解決爭端，也是戰爭、聚眾討伐的意思。

　　「師卦」的六個爻說明了六種不同的用兵情境、戰爭過程中的得失，以及戰爭的始末。但是不論如何，你再會打仗，終究是勞民傷財。一個國家致力發展經濟，得來不易所累積的財富，及各類的基礎建設，一旦發生戰爭，後果大家是可以想像得到的，就如俄烏戰爭就是血淋淋的教訓。

　　「師卦」給我們的啟示，即使是師出有名，但也要少動干戈，要理直氣和，而非理直氣壯，提醒要懂得把握分寸，堅守中正，否則不必要的戰爭將因此而起，無法想像的傷亡亦將造成。尤其，六五的「以中行也」，

而「中」即中庸之道，不偏不倚，華夏民族常說「以和為貴」，從家庭的家和萬事興，到國與國的相處之道，其實道理都是一樣的。俗語說：「伸手不打笑臉人，開口不罵送禮人」，凡事以和為貴，應避免爭訟，尤應避戰。因此，「化干戈為玉帛」才是「師卦」給領導者最好的座右銘。

謙卦

《易經》第十五卦謙卦（地山謙）：「謙，亨，君子有終」，卦象山在地下，高而不踰越，謙卑、廉正之義。山崇高而居於地下，地氣從低處而上行，因謙卑而崇高。山民止於內而有所不為，坤柔順在外以待人，為君子謙卑以自牧，柔順以處世之象，強調的是謙虛、謙遜，也是《周易》六十四卦中，唯獨六爻的爻辭皆吉，其他的卦，爻辭則有吉、有凶。

「謙卦」的意思是告知做人要學謙、學敬，那麼一切都可逢凶化吉，也說明無論身處在任何的環境，只要懂得以謙虛的態度處世待人，則無往不利。謙虛本是中華傳統文化的特色及美德，而有「謙虛」就有「驕傲」，凡事以「謙」待人，則諸事順遂，無往不利；反之，倘自大狂妄，驕傲自居，則寸步難行，歷史上因驕傲而失敗的例子不勝枚舉，所謂：「驕兵必敗」就是這個道理。

結語

　　《易經》老師楊智宇所著《易經占卜這本最好用》一書中，舉例說明西楚霸王項羽剛愎自用而失天下，最大的原因就是狂妄自大，不能謙虛接納建言，致眾叛親離造成悲劇的下場。反之，漢王劉邦懂得謙虛受教，廣納雅言，吸收人才如張良、韓信、蕭何、陳平等文臣武將幫他打天下，最終得以擊敗項羽，統一天下。

　　領導人掌權之後，倘能以謙虛的態度與他國交往及合作，在互惠互利的原則下，自當受到尊重。「謙卦」的啟示，謙虛不代表卑微、沒有行動，為政者應以謙遜的態度，並以力量為後盾與他國交往，倘能和平交往，則何來之戰爭！

　　以1965年成立迄今的新加坡小國外交為例，在今天國際的政經舞台占有一席之地，其間造就今日成功的新加坡原因頗多，僅就上述所提《易經》的三個卦略微說明，因其瞭解內政是外交的延長，在其多元文化下，強調「坤卦」的包容，重視多元種族的和諧；瞭解「師卦」的與鄰為善及與各國廣結善緣，並避免在強國間選邊站；新加坡的華裔人口占約74%，華裔本有謙虛的本質。因此，以「謙卦」的謙虛態度治國，與時俱進及不斷創新的精神與他國交往，以求國家的最大利益及生存之道。新加坡雖是城市國家，但其外交政策或有值得各國參考借鏡之處。

　　古書今用，運用《易經》六十四卦的智慧，倘若

人與人之間，國家與國家之間，能以「坤卦」的「有容
乃大」、「師卦」的「化干戈為玉帛」，及「謙卦」的
「謙遜態度」相處，則社會一片祥和，世界自當呈現和
睦的氣氛。

六、用《易》於生活中

《易經》是群經之首，《易經》有易理義及應用易
之分，我所學的《易經》主要是占卜的應用易，即如何
將《易》用於生活中，以達居高思危，未雨綢繆，趨吉
避凶。

卜卦的方式及實例

卜卦的方式甚多，常見的有錢幣卜卦法（金錢
卦）、抽籤卜卦法、撲克牌卜卦法、擲骰子卜卦法及
翻書卜卦法等，除金錢卦外，基本上是取三個數字而成
卦，以翻書為例，第一個數字25，第二個數字46，第三
個數字7，得「水天需卦」如下：

將前兩個數字各除以8（八個卦），最後一個數字
除以6（六個爻），取餘數。

各數字除下來所剩的餘數，按照先天八卦的順序
選取卦名。乾一，兌二，離三，震四，巽五，坎六，艮
七，坤八。第一個數字為下卦，第二個數字為上卦，第
三個數字為動爻或變爻。

第一個數字下卦

25÷8＝餘1乾為天

第二個數字上卦

46÷8＝餘6坎為水

第三個數字動爻

7÷6＝餘1動初爻

得水天需卦動化井卦

初九，需于郊，利用恆，无咎。

《象》曰：需于郊，不犯難行也。利用恆，无咎，未失常也。

　　滯留於郊外，宜有恆心，沒有罪咎。雖然眼前有危險，但懂得避開鋒頭不強行冒險。因為不冒險犯難、勉強前進，與危險保持安全距離，所以終能免於罪咎。

　　問事，倘得此卦，因「需」，即等待的意思，卦象水險在上，下為乾，剛健，君子雖剛健而有能力，但卻有坎代表險阻而無法前進，為龍困淺灘，等待時機之象。因此，此時宜養精蓄銳，等待時機，凡事不可妄進，方為上策。

準確預測2016年11月的美國總統大選川普勝選

2016年代表民主黨總統候選人希拉蕊，以8年的第一夫人及曾任聯邦參議員及紐約州長的氣勢參選，全世界都看好她躺著選也能勝選，並擊敗共和黨候選人川普，但結果出乎預料，川普當選美國總統。

我在選前用金錢卜卦法（3個錢幣）卜了二個卦，準確預測川普會當選，第一個卦問川普勝選，第二卦問希拉蕊勝選？究竟是何人會勝出？

卜卦日期：2016年10月30日
丙申年戊戌月乙酉日（空午未）

說明：問選舉（職務）以官鬼為用神，官鬼旺則勝
　　　選的機會大。

川普：地火明夷卦
解卦：世爻用神官鬼持世，月令及日辰皆助世爻官鬼。

希拉蕊：水雷屯卦化遯卦（動初爻、三爻、四爻及
　　　　六爻）
解卦：不利因素有四

　　一、子孫持世剋官鬼。

　　二、官鬼帶白虎（六獸）。

三、年破（寅申）。

四、申子辰三合局成兄弟局，生世爻子，子
孫剋官鬼。

驗證：2016年11月8日選舉結果川普勝選。

後註：

川普雖勝選，但因地火明夷卦顯示：

一、明夷乃昏暗之卦，代表光明受損，局勢走下坡。
因此，韜光養晦以自保，才會順利渡過難關，
等待光明時刻再次的來臨。

二、明夷亦為光明隕落，光明消失，代表黑暗、災
難及亂世的來臨。

三、《象傳》：「君子以蒞眾用晦而明」，最好的
領導人，不必時時刻刻展示你是位精明的主
管，倘能大智若愚應該會更好。

四、處明夷之道，應當利於艱苦守靜，端正自己的
志向，將自己的聰明隱藏起來，韜光養晦，以
渡過這黑暗時期，待生存下去而能夠等世道改
變之後再找亨通之道。

　　川普在位四年總統期間的行事作風洽與明夷卦逆勢
而行，的確為世界帶來一陣不安；倘若川普能掌握明夷
卦的核心思想，順勢而為，相信他在位期間應會為美國
及世界帶來更穩定的國際秩序。

準確預測2022年2月俄烏開戰

我用金錢卜卦問俄羅斯（世爻）是否會入侵烏克蘭
（應爻）？

占卜日期：2022年1月26日
辛丑年辛丑月己卯日（空申酉）
天山遯卦化乾卦（動初爻、二爻）

解卦：

一、看世爻（俄羅斯）與應爻（烏克蘭）的關係：
　　世爻官鬼帶白虎動剋應爻，顯示出兵的跡象。

二、預測出兵的時間（應期）：寅月（2月4日至3
　　月4日之間）。

驗證：俄羅斯於2022年2月24日出兵攻打烏克蘭。

第二章

詩詞趣味篇

擊壤歌／佚名〔先秦〕

> 日出而作，日入而息。
> 鑿井而飲，耕田而食。
> 帝力於我何有哉！

　　沒有華麗的語言，沒有巧妙的比喻，卻十分親切，如鄉村的泥土般親切。

　　這是一首很古老的詩歌，傳唱比《詩經》還早。那時，中華大地上，還沒有那麼多人。

　　國家尚未形成，自然也沒有皇帝，先民們靠著土地生活，或種地，或打獵，生活簡單、踏實。

　　他們的娛樂很簡單，用木頭敲著石頭，唱著歌，他們管這叫「擊壤」。

　　那時候的君主叫堯。

　　有一個老人家，在路邊，擊著壤，唱著歌。

　　如果要選一首詩能代表中國精神的詩，你會選哪一首？

　　「知乎」上有一個高贊回答：〈擊壤歌〉。

〈擊壤歌〉是什麼詩呢？

在《詩經》之前，中華大地上就流傳著歌謠。

這些歌謠來自農民的生活和勞動，雖然沒有格律，卻是先民的心聲。

〈擊壤歌〉就是上古時期的一首著名歌謠，沒有格律，卻被後世稱頌了3000年以前的上古時代。

太陽出來，我就出去幹活，太陽下山，我就回來休息。

鑿一口井就能喝到水，莊稼種出來就不會餓肚子。

這樣的生活，誰會去羨慕帝王的權力呢？

這是一首民歌，唱的是生活。

民歌就是民間的歌謠，先民們日夜勞作，勞作之餘，同樣要對人生的各種喜怒哀樂進行表達，歌謠是最好的方式。

先民的生活簡樸，無憂無慮，的確也令忙碌的現代人羨慕。

積土而為山，積水而為海／荀子〔戰國〕

賞析

　　戰國時代儒家代表荀子在《荀子・儒效》中的名言：「積土而為山，積水而為海」，意思是把土堆積起來可以成為山，把水積蓄起來可以成為海。比喻日積月累，積少成多，就可以實現從量變到質變。古人把自然界的現象上升為哲學的高度，對積累的重要性有著深刻的認識。

　　諸如：「繩鋸木斷，水滴石穿」、「聚沙成塔，集腋成裘」、「山積而高，澤積而長」、「冰凍三尺非一日之寒」等，這些精闢的論述，均強調一種從小做起、積小為大、日積月累的自強不息精神。

　　在現代生活，幸福、美好及成功不會自己出現，要想成功就必須努力踐行做一個勇於變革創新，且不斷努力，積小為大，積跬步以至千里，所謂萬丈高樓平地起，成功屬於勇毅而篤行有恆的人。

作者生平及特色

　　荀子（約西元前316年—約西元前237年至西元前235年），名況，被尊稱為荀卿，又稱孫卿，中國戰國時代儒家學者和思想家，趙國人，曾擔任齊國稷下學宮

祭酒、楚國蘭陵令，到趙國、秦國遊說諸侯，宣揚儒學和傳授六經，批評子思、孟子等其他儒者及墨家、道家等其他學派，有韓非、李斯等弟子，著作後世編為《荀子》一書。作為先秦儒家代表人物，與孔子、孟子合稱孔孟荀。

《荀子》長於說理，文章多長篇大論，發揮盡致，講究邏輯和結構的形式美，多用排比，而且聲調鏗鏘。內容「重質尚用」，緊密結合文學和政治；詞藻豐富，比喻層出不窮。

離騷／屈原〔戰國〕

　　路漫漫其修遠兮，吾將上下而求索。

　　意思是：前面的路途又遠又長啊，我將上天下地追尋自己的理想。

　　英譯：The road ahead is long and has no ending; yet high and low I will search with my will unbending.

賞析

　　出自戰國時期楚國詩人屈原的名作《離騷》。屈原在這句詩文中，表達了他追求理想的決心。

　　屈原的《離騷》以自述身世、才華、遭遇與心志為中心，描寫一個苦悶靈魂的追求，以及對理想的彷徨和

幻滅。他以豐富的想像和巧妙的比喻，表達對政治革新的願望和對理想的堅持。最後以追求理想失敗而欲以身殉，透發出高尚的個人節操與深摯的愛國情懷。

作者生平及特色

屈原（前342年2月17日─前278年6月6日），芈姓，屈氏，名平，字原，以字行，楚國丹陽（今湖北省秭歸縣），一說湖北荊州紀南人，自稱是上古五帝之一高陽氏的後裔，為中國戰國時期詩人、政治家，其先祖屈瑕受楚武王封於屈地，因以屈為氏。官拜左徒，為楚王近臣。

屈原是楚國貴族，精通歷史、文學與神話，洞悉各國形勢和治世之道；人聰明，口才好。司馬遷《史記》說他「博聞強志」、「嫻於辭令」，二十多歲就做了楚懷王的左徒，只比楚國的宰相令尹低一級。他對內和楚王討論國家大事，發布號令，對外接待賓客，應付諸侯。

延伸思考

新加坡總理李顯龍於2021年6月14日的社交媒體上，祝賀新加坡人端午節快樂，也引用屈原：「路漫漫其修遠兮，吾將上下而求索。」呼籲全民共同抗疫，對抗新冠疫情是一場持久戰，我們也應抱著同樣的決心，致力尋找最好的解決方案，以應對疫情所帶來的種種挑戰。

其實，我們學習的路途也是漫長的，在追尋個人「理想」的過程中，好學精神和勤勉態度都非常重要，像屈原那種堅持和上下求索的毅力及精神，確實值得我們效法。

但識琴中趣，何勞弦上聲！／陶淵明〔東晉〕

> 性不解音，而畜素琴一張，弦徽不具，每朋酒之會，則撫而和之，曰：「但識琴中趣，何勞弦上聲！」

陶淵明不特別懂得音律，卻在室內擺設了一張沒有弦的琴。每當與朋友一起喝酒聚會，他就彈琴和歌，說道：「只要能理解琴本身所蘊含的趣味，又何必非要從弦上發出聲音呢？」

賞析

陶淵明是中國東晉至南朝宋時期的詩人，思想上服膺儒術，外儒而內道，堅守儒家倫理，又受道家愛好自由，順從自然的想法影響。處世達觀孤高，形象高潔脫俗，以隱逸詩人見稱。

《晉書陶潛傳》：「吾不能為五斗米折腰，拳拳事鄉里小人邪。」陶淵明為了養家餬口，就去做了縣令。但縣令的俸祿只夠買五斗米。一天，上級派郵督來督

察。為人驕橫的郵督一到彭澤縣就差人把陶淵明叫來見自己，而且要穿好官服，否則將影響他的前程。陶淵明忍無可忍，說：「我不能因為五斗米而向這個鄉里小人折腰！」便交出官印，回鄉下種田去了。此說明了陶淵明的骨氣，及不趨炎附勢的性格。

現代人不解，當個縣長有權有錢，吃喝玩樂有什麼不好呢？這就是境界問題了，因為在陶淵明看來，與其當官「為五斗米折腰」，不如追求心靈的最大自由和心態的閒適優雅。

陶淵明一生五次棄官不做，回歸家鄉種地，最後一次是四十一歲時做彭澤縣令，上任僅八十餘日就解印掛職而歸，義無反顧地走上了歸隱田園之路，追求心靈的寧靜與澹泊。

悠閒是人們心靈的嚮往和追求。陶淵明用一生詮釋了自由和快樂的意義，也解釋了什麼是真正的「悠閒」。

悠閒，悠悠然的閒適，悠然自得。「採菊東籬下，悠然見南山。」心情怡然、無憂無慮地在籬下採摘菊花，不經意抬起頭，南山美景映入眼簾。這是多麼的自然而然、超凡脫俗！

陶淵明的出仕歸隱，或是平常生活中的飲酒賦詩，從他的生平事跡就可以看出陶淵明的真性情；從他創作的那些獨具特色的田園詩中，也能見其坦率性格、曠達的胸襟以及對自然田園生活的喜愛。

現代人為生活忙碌，但忙碌中找尋悠閒，或可從陶淵明的心境去感受悠閒的真諦。

我們恐很難理解，陶淵明的琴為什麼一根弦都沒有，他在這張素琴上錚錚彈。他性不解音，而備素琴一張，弦徽不具，每朋酒之會，則撫而和之，曰：「但識琴中趣，何勞弦上聲！」（《晉書·陶潛傳》）

陶淵明不滿官場的腐敗黑暗，繁文縟節。因此，不為五斗米折腰，而決心歸隱，躬耕維生。

現代人常被名譽所苦，被有形的框架套住，因此，倘能體會或瞭解陶淵明的意境及處世的悠閒態度，則人生將活得更為簡單及精彩。

作者生平及特色

陶淵明（約365年—427年），一說名陶潛，字元亮，友人私諡靖節先生，尋陽郡柴桑縣人，中國東晉至南朝宋時期士大夫與詩人。陶淵明出身仕宦之家，曾祖父陶侃在東晉初年權傾一時，但到陶淵明出生時已家道中落。陶淵明早年歷任江州祭酒、鎮軍參軍、建威參軍、彭澤縣令等官職，但每次任期都不長；後因不滿官場的腐敗黑暗、繁文縟節（不為五斗米折腰），而決心歸隱，躬耕維生。

陶詩風格平和淡遠，渾然天成，語言平易流暢，較少雕飾造作，代表作有《歸園田居》、《飲酒》（其五）等。陶詩往往以隱逸生活和人生苦短為主題，善於歌詠田園生活，所寫田園風景閒靜和穆，超塵脫俗，幾乎「篇篇有酒」。散文方面，代表作有自傳〈五柳先生

傳〉和《桃花源記》，辭賦方面，最著名的有抒發田園生活之樂的〈歸去來兮辭〉。

思想上陶淵明服膺儒術，外儒而內道，堅守儒家倫理，又受道家愛好自由，順從自然的想法影響。處世上陶淵明達觀孤高，形象高潔脫俗，以隱逸詩人見稱。

陶淵明作品對後世影響巨大，在文學史上地位崇高。歷來許多詩人如白居易、蘇軾都曾仿效及奉和陶詩，《桃花源記》、〈歸去來兮辭〉則往往成為後世畫家繪畫的題材。陶淵明為山水田園詩派的先驅，有「田園詩人之祖」的美譽。

靜夜思／李白〔唐〕

床前明月光，
疑是地上霜。
舉頭望明月，
低頭思故鄉。

作為中國人，沒有人不會背李白這首家喻戶曉的思鄉詩作。

意思是：月光明亮地照在井闌上，我還以為是一層層白色的霜。抬頭凝望皎潔的月亮，低頭思念遙遠的故鄉。

賞析

　　這首詩描寫了詩人在客途中的思鄉之情。詩人在首句寫月色照前來，說明詩人輾轉未能入睡，已暗寓了思鄉之情。用「霜」來比喻月光，古已有之，第二句寫詩人「疑」月為「霜」，聯想西北故鄉的苦寒，意思更深一層，由此可見詩人推陳出新之妙。末兩句從「舉頭」到「低頭」，表現了詩人複雜的心理活動。抬頭望月，上句的懷疑消失，而下句的思鄉之情油然而生，轉折自然。全篇主題是「思鄉」，卻先以三句寫月，鄉情已蘊含其中；待到點明主題，詩便戛然而止，留給讀者想像的空間。這首短詩明白如話，不假雕飾，但意味深長，因此傳頌千古，婦孺皆知。

　　短短四句詩，寫得清新樸素，明白如話。全詩似脫口吟來，渾然天成。內容容易理解，卻又是體味不盡。

　　李白離走千年有餘，思鄉卻一直延續至今。〈靜夜思〉裡藏著每一個炎黃子孫共同的思鄉情。

作者生平及特色

　　李白（701年—762年），字太白，晚年自號青蓮居士，祖籍隴西成紀（今甘肅秦安），先世於隋末流徙西域，出生於當時唐安西大都護府所在的碎葉城（今吉爾斯坦境內）。天才橫溢，被譽為謫仙人。與他同時代的

杜甫，推崇他是「白也詩無敵，飄然思不群」。

唐朝文宗皇帝李昂下詔，以李白的詩、裴旻舞劍、張旭草書為三絕。其詩想像豐富，構思奇特，氣勢雄渾瑰麗，風格豪邁瀟灑，情緒流動之快，是盛唐浪漫主義詩歌的代表人物，後人更推崇他為「詩仙」。

李白醉心詩酒、傲視王侯的人生態度，有詩曰：「黃金白璧買歌笑，一醉累月輕王侯。」旁人也傾慕「李白斗酒詩百篇，長安市上酒家眠」的瀟脫生活。

李白愛寫詩，余光中說：繡口一吐，就是半個盛唐；他愛交友，點點心意，都在字裡行間。他叫李白。

李白留下非常多的好詩，舉數首如下：

最狂放的詩：〈將進酒〉

　　君不見黃河之水天上來，奔流到海不復回。
　　君不見高堂明鏡悲白髮，朝如青絲暮成雪。
　　人生得意須盡歡，莫使金樽空對月。
　　天生我材必有用，千金散盡還復來。
　　烹羊宰牛且為樂，會須一飲三百杯。
　　岑夫子、丹丘生，將進酒，杯莫停。
　　與君歌一曲，請君為我傾耳聽。
　　鐘鼓饌玉不足貴，但願長醉不願醒。
　　古來聖賢皆寂寞，惟有飲者留其名。
　　陳王昔時宴平樂，斗酒十千恣歡謔。
　　主人何為言少錢，徑須沽取對君酌。

五花馬、千金裘,

呼兒將出換美酒,與爾同銷萬古愁。

　　這是一首極度狂放的詩,卻隱藏著李白懷才不遇的悲憤。

　　李白是失落的,但他又馬上昂揚,說「天生我材必有用,千金散盡還復來」。面對人生的不如意,李白借酒消愁,及時行樂。

　　他給友人勸酒:人生苦短,聖賢都很寂寞,不如我們飲酒高歌,縱情歡樂,這就是李白的豪放及放下。

想象力最誇張浪漫的詩:〈望廬山瀑布〉

　　日照香爐生紫煙,遙看瀑布掛前川。

　　飛流直下三千尺,疑是銀河落九天。

　　眾所周知,李白的想象瑰奇浪漫,這首〈望廬山瀑布〉就是明證。

　　李白將飛流直瀉的瀑布描寫得雄偉奇麗,氣象萬千,宛如一幅生動的山水畫。蘇東坡十分讚賞這首詩,說:「帝遣銀河一脈垂,古來唯有謫仙詞。」

　　總有人好奇的問,讀詩有什麼用?如果你能學會李白超凡的想象力,相信對於如何在逆境中面對人生應有助益。

最孤獨的詩：〈月下獨酌‧其一〉

> 花間一壺酒，獨酌無相親。
> 舉杯邀明月，對影成三人。
> 月既不解飲，影徒隨我身。
> 暫伴月將影，行樂須及春。
> 我歌月徘徊，我舞影零亂。
> 醒時同交歡，醉後各分散。
> 永結無情遊，相期邈雲漢。

孤獨是人類永恆的命題，狂放如李白也有孤獨的時刻。這個月夜，他在花下獨酌，無人親近，孤獨的李白只能舉杯邀請明月。

李白突發奇想，把天邊的明月，和月光下自己的影子，拉了過來，連自己在內，化成了三個人，舉杯共酌，冷清清的場面，頓覺熱鬧起來。

全詩以獨白的形式，自立自破，自破自立，詩情波瀾起伏而又純乎天籟，因此一直為後人傳誦。

人生既害怕吵鬧，更害怕孤獨，所以真正內心強大並不是無慾無求，而是過盡千帆看盡世間百態，依然熱愛生活。

所謂自古英雄多寂寞，唯有飲者留其名。曹操在其〈短歌行〉：

> 對酒當歌，人生幾何？

譬如朝露，去日苦多。

慨當以慷，憂思難忘；

何以解憂？惟有杜康。

　　曹操詩裡提到「杜康」實際上說的是酒，想要排解憂愁，唯有飲酒才能解脫。曹操的這句詩放到今天，也基本上成為喝酒之人常常喜歡提的一句話。

　　值得一提的是，中國歷史上竹林七賢之一無酒不歡的劉伶，在《世說新語・文學》：劉伶著〈酒德頌〉，意氣所寄。劉伶除了樣衰，還因為鍾情飲酒，嗜酒如命，名留青史。或許現代人只把飲酒當作嗜好，但劉伶卻把飲酒視作人生大事，唯一的傳世巨著〈酒德頌〉一文，即酒和生命相連繫，真是酒在人在，酒亡人亡的境界，難怪有「醉侯」的美譽。

　　劉伶縱酒放浪，有時醉後會在家裡脫光衣服，惹來旁人譏笑，劉伶卻理直氣壯地質問：「我以天地為棟宇，屋室為褌衣，諸君何為入我褲中？」

　　中國歷史上發生的「杯酒釋兵權」，也是藉由酒後將兵權收回的故事。杯酒釋兵權是指發生在宋朝初期，宋太祖趙匡胤為了加強中央集權，同時避免禁軍軍將也黃袍加身，使類似澶州兵變和陳橋兵變的歷史劇重演，篡奪自己的政權，所以趙匡胤藉由一次酒宴，在酒宴中發表意見，威逼利誘雙管齊下，暗示與宴的將軍交出兵權，而各將軍果然言聽計從，翌日自行解除軍權。

延伸思考

二十世紀知名英國政治領袖也是無酒不歡且酒量驚人的邱吉爾：因酒精而活、因酒精而死，更因酒精而成名。邱吉爾的名言：我沒有香檳就活不下去；在勝利的時刻值得來一杯香檳，頹敗時我也需要香檳。（"I could not live without champagne," he said. "In victory I deserve it. In defeat I need it."）

著名的詩人及作家余光中向李白致敬的代表作是〈戲李白〉、〈尋李白〉、〈念李白〉（所謂「李白三部曲」），對李白有深入的研究及介紹。

除了余光中之外，研究李白的李長之是中國當代著名的文學家、批評家、學者。李長之所著《李白》一書對李白的一生有非常深入的介紹，他認為李白是「寂寞的超人」等，倘你想多瞭解李白的一生及人格特質，這是一本頗值得研究的好書。

結語

李白絕對稱得上是酒中豪傑，千杯不醉，因其很多佳作皆是在酒醉後有感而發的。「李白」也是一種活法，他認為人生在世，無非就是「痛快」二字，是情感上的痛快與精神上的痛快。我認為李白活得真是痛快！也活出美好的生命樂章。

長歌行／李泌〔唐〕

天覆吾，地載吾，天地生吾有意無。
不然絕粒昇天衢，不然鳴珂遊帝都。
焉能不貴復不去，空作昂藏一丈夫。
一丈夫兮一丈夫，千生氣志是良圖。
請君看取百年事，業就扁舟泛五湖。

蒼天覆蓋著我，大地承載著我，天地生養了我是有意還是無意？

否則怎會有人辟穀追求成仙，有人追求利祿遊戲帝都。

怎能沒得到富貴還不離去，做一個只有意氣的男人呢？

大丈夫啊大丈夫，生生世世追求志向精神才是深遠的謀劃啊！

請你看看數百年間發生的事情，像范蠡一樣在五湖泛舟才是妥善的最終結局。

賞析

「泌」字要讀成「必」的讀音，「泌」字有水流清澈的涵義，據說當年有位高僧為他取名，認為他日後將成國師，又見流水潺潺，相當清澈，所以取名為

「泌」。

唐朝玄宗時出了一個神童，名叫李泌，七歲的時候就知道如何寫文章。玄宗開元十六年，皇帝召集了所有擅長論佛、道、孔子學說的人，在宮中相互答對問難。其中有個叫員俶的人，能言善辯，折服了在座的人，而他只有九歲。玄宗深以為異，問道：「還有其他的小孩子像這樣的嗎？」員俶跪奏說：「臣舅舅的兒子李泌就是這樣文采敏捷的。」

玄宗馬上派人宣李泌進宮。李泌進宮時，玄宗正與燕國公張說一起觀看別人下棋，玄宗便讓張說試試李泌的才能。張說遂讓李泌以「方圓動靜」為題作詩，並說道：「方若棋局，圓若棋子，動若棋生，靜若棋死。」話音剛落，李泌就接道：「方若行義，圓若用智，動若騁材，靜若得意。」

李泌的才思敏捷出乎玄宗和張說的意料，張說恭賀玄宗得到了一名神童，玄宗高興之餘賞賜給李泌五匹帛，並吩咐其家人好好培養。

十七歲時，李泌寫了一首詩歌〈長歌行〉，可以說，李泌在十七歲時，就為自己設計好了一生，那就是要不學道成仙，要不建功立業。而事實上，李泌的一生也確實是在這兩條路上徘徊。

李泌長大後，博學多聞，通達經史，對《易經》頗有研究，還擅長作文作詩。

安祿山叛亂，肅宗即位靈武，召他為參謀軍事，又為幸臣李輔國等誣陷，復隱衡岳。代宗即位，召為翰林

學士，又屢為權相元載、常衮排斥，出為外官。

唐玄宗李隆基，號稱「多藝，尤知音律，善八分書」，而所謂「多藝」就包括棋藝，他常同大臣、親王、后妃一起下棋、觀棋。

後來，李泌果然成為肅宗、代宗、德宗三朝皇帝最主要的謀臣和實際上的宰相。

「安史之亂」中，李泌對內運籌帷幄，輔翼朝庭，對外籌劃戰略，克敵制勝，為唐朝的平叛事業立了大功，被封為「鄴候」。

李泌自幼聰敏，看書有過目不忘的天賦，有「神仙宰相」的美譽。綜觀其一生，堪稱中國幾千年政壇罕見的傳奇人物。

由於他的與眾不同，因此特別挑選與大家分享這位神童的傳奇一生。

作者生平及特色

李泌，字長源，京兆（今西安）人，生於唐玄宗開元10年（歲次壬戌）四月廿六日（西元722年5月15日），是西魏八柱國李弼的六代孫，父親李承休是吳房縣令，聚書兩萬餘卷，並告誡子孫不得賣書。

李泌，七歲能作對句，張說奇之，玄宗召令供奉東宮，寫詩諷刺楊國忠，有「青青東門柳，歲晏復憔悴」之句，隱居潁陽。肅宗時，參預軍國大議，拜銀青光祿大夫，隱居衡山（今湖南省），修煉道教，共十二年。代宗

時，召為翰林學士，不久因得罪權臣元載，被代宗外放為杭州刺史以避禍。德宗時，元載失勢，復召回朝廷並授散齊常侍。貞元中，拜中書侍郎平章事，封鄴縣侯。李泌信奉鬼神方術，以虛誕自任，輔佐四朝天子。

貞元德宗五年三月初二日（789年4月1日）辭世，有文集二十卷。

延伸思考

知名作家、文史工作者王浩一所著《英雄多情》一書，以《易經》第二十七卦「山雷頤」，說明李泌如何成為亦仙亦鬼的四朝名臣，他的謙退態度、處世的精義、澹泊明志及寧靜致遠的生活哲學。我認為他的知所進退尤值得我們現代人學習。

誰曾看不起唐朝詩人白居易的詩

我蠻喜歡白居易的這首詩：《賦得古原草送別》

離離原上草，一歲一枯榮。
野火燒不盡，春風吹又生。
遠芳侵古道，晴翠接荒城。
又送王孫去，萋萋滿別情。

長長的原上草是多麼茂盛，每年秋冬枯黃春來草

色濃。

無情的野火只能燒掉乾葉，春風吹來大地又是綠茸茸。

野草野花蔓延著淹沒古道，豔陽下草地盡頭是你征程。

我又一次送走知心的好友，茂密的青草代表我的深情。

大詩人顧況曾取笑白居易

白居易出生在官宦之家，由於家庭教育較好，五、六歲時就會作簡單的詩。他十六歲時，遊歷長安。古代沒有通訊工具，當時很多知識青年大都靠這種方式推銷自己。白居易也拿著自己的詩作求見當時的大詩人顧況。顧況礙於官宦子弟，很不情願的接見了白居易。他看著白居易的名字取笑說：「長安的白米很貴，居住也很不容易啊。」

當顧況打開白居易的詩集，首先看到：「離離原上草，一歲一枯榮。野火燒不盡，春風吹又生……」，馬上驚喜地站了起來，說：「好詩！」想起自己剛才挖苦白居易的話又說：「你能寫出這樣的詩，不要說是在長安，就是在天下任何地方居住，也可以居易了！」

作者生平及特色

　　白居易（772年2月28日—846年9月8日），字樂天，晚號香山居士、醉吟先生，在詩界有廣大教化主的稱號。祖籍山西太原，生於華州下邽（今陝西省渭南市），唐代文學家，文章精切，特別擅長寫詩，是中唐最具代表性的詩人之一。作品平易近人、通俗易懂，乃至於有「老嫗能解」的說法。

　　白居易早年積極從事政治改革，關懷民生，倡導新樂府運動，主張詩歌創作不能離開現實，須取材於現實事件，反映時代的狀況，所謂「文章合為時而著，歌詩合為事而作」，是繼杜甫之後實際派文學的重要領袖人物之一。

軼聞

　　白居易在六十二歲那年，身居監察御史的他向皇上提出辭呈。皇上問：「為何辭職？你不是做得好好的嗎？」白居易答：「當官太累了。」皇上說：「我懂了，給你保留待遇，做輕鬆點的工作。」

　　白居易以退居二線的狀態又待了一年。第二年，他再次辭職。皇上不解地問：「按規定，你可以待到六十五歲，為什麼又要辭職？還是覺得很累嗎？」白居易坦言：「只是想回老家。」皇上也就不勉強他了。

白居易回到老家問兒子：「我們家有多少地？」兒子答：「五百畝」，白居易要求兒子：「賣掉三百畝，讓百姓去種。」白居易利用賣地的收入，成立了一個編委會，專門編抄《白樂天文集》，書編成之後，他將一部分詩集送到東西南北中五座寺廟收藏，所以，至今白居易的詩保存最齊全。

　　白居易在工作崗位上有所作為，卻早早就辭職，家裡有五百畝地卻賣掉了三百畝，他真的失去了很多，但他的詩卻因此完整地保存了下來，得以傳之千秋萬代。

結語

　　俗語說：「人不可貌相，海水不可斗量」，英文"Don't judge a book by its cover."（不要用封面來評斷一本書的好壞），凡事勿以貌取人。的確，一個人的成功與年齡、性別、出身、身高、文憑、殘缺及學歷並無直接的關係，因為：

> 姜子牙證明，成功和年齡沒關係。
> 武則天證明，成功和性別沒關係。
> 朱元璋證明，成功和出身沒關係。
> 拿破崙證明，成功和身高沒關係。
> 李嘉城證明，成功和文憑沒關係。
> 羅斯福證明，成功和殘缺沒關係。
> 比爾蓋茲證明，成功和學歷沒關係。

江雪／柳宗元〔唐〕

千山鳥飛絕，萬徑人蹤滅。
孤舟簑笠翁，獨釣寒江雪。

這首詩的大意：千山之間絕無一隻飛鳥，萬條小徑
上沒有任何人跡。只有一葉孤舟、一個披戴著簑衣笠帽
的老漁翁，獨自在白雪紛飛的寒江中垂釣。

賞析

這是柳宗元被貶到永州之後寫的詩，借寒江獨釣的
漁翁，抒發自己孤獨鬱悶的心境。

柳宗元被貶到永州之後，精神上受到很大的刺激
和壓抑，借描寫山水景物，借歌詠隱居在山水之間的漁
翁，來寄託自己清高而孤傲的情感，抒發自己在政治上
失意的鬱悶苦惱。於是懷著幽憤的心情，寫下了這首令
人傳頌的名詩。

作者生平及特色

柳宗元（773年—819年11月28日），字子厚，唐代
中期士大夫、文學家與思想家，河東人，亦稱柳河東、
柳柳州，柳宗元家勢顯赫，世代為官。年輕時仕途得

意，平步青雲，曾參與王叔文的永貞革新，不幸旋即失敗，獲罪貶謫永州，自此長期流放，身心寂寞痛苦，十年後改授柳川次史，卒於官，享年四十六歲。

　　柳宗元以文學、思想、經學、宗教等領域的成就著稱。文學方面，柳宗元在古文與韓愈齊名，為唐代古文運動領袖，而古文運動的先驅是陳子昂，提倡「文以明道」，作品永州八記堪稱山水遊記典範之作，為中國遊記文體的先河，影響深遠；傳記與寓言亦各有佳作存世，其擅用曲筆寄託個人悲憤；柳詩以山水著稱，風格多變，常與陶淵明相提並論。

　　思想方面，柳宗元關懷民間疾苦與百姓福祉，自視為儒家改革者，為中唐儒學復興運動的代表人物。他主張天與自然跟人事無關，反駁迷信習俗，上承荀子、王充的理性主義思想。他認為郡縣制優於封建制，封建非聖人本意，所著《封建論》對後人多所啟發。

　　經學方面，柳宗元追隨啖助、陸淳的春秋學，主張經學不可淪於瑣碎，須闡述聖人義理，影響後世的春秋學。宗教方面，柳宗元認同佛教，並做為其仕途失敗的慰藉。他認為儒、釋兩者並無衝突，可以並存互補。後世編撰柳宗元作品《柳河東集》傳世。

軼聞：柳宗元的夢境成真

　　據說有一天，柳宗元看到路邊有位算命先生，就向他問起自己未來的運勢，並且告訴算命先生他昨晚的夢境。

柳宗元說：「我姓柳，昨天夢到一棵柳樹倒在地上，是否是個不吉利的預兆？」

算命先生說：「不要擔心，這不會有什麼生命危險。只是你得做好心理準備，恐怕要到遠地去當官了！」

柳宗元不明其意，進一步詢問話中之意。算命先生說：「這柳樹活著的時候就是柳樹，今天倒了，就成了柳木。『木』字和『牧』同音，你大概會到柳州當州牧（地方官）吧！」

最後，柳宗元真的如算命先生所言，從先前的永州（今湖南省）被貶到更遠的柳州（今廣西省）當刺史，原本希望能回到京城大展身手的他，一腔熱血就這樣被澆熄了。

但是，柳宗元個人不幸的遭遇，卻是柳州百姓的幸運。他到了柳州之後勤於政事，不僅教化百姓、改變民風，還大力推動柳州經濟的發展，深受百姓愛戴。雖然不能留在京師為皇帝所用，但只要有心，不論在何處都可以找到屬於自己的舞台。

柳宗元抱著既來之則安之，做一天和尚敲好一天鐘的態度，恪盡職守，善盡地方父母官之責，扮演好自己的角色，最後也死於柳州。這樣的人生，或許也算圓滿吧！

結語

算命從古至今頗為流行，暫不論所算的正確與否，算命者總可提供來問事者一條參考的路徑，這或許就是

算命這個行業能歷久不衰的原因之一。

此外，中國歷史上的文人雅士因仕途的不順遂，常藉詩詞以舒發內心的情感及對時政的不滿，因此，留下很多經典的詩詞。

曾經滄海難為水，除卻巫山不是雲／元積〔唐〕

「曾經滄海難為水，除卻巫山不是雲。」出自唐代元慎的〈離思五首‧其四〉：

> 曾經滄海難為水，除卻巫山不是雲。
> 取次花叢懶回顧，半緣修道半緣君。

曾經到過滄海，別處的水就不足為顧；若去了巫山，別處的雲便不稱其為雲。倉促地由花叢中走過，懶得回頭顧盼；這緣由，一半是因為修道人的清心寡慾，一半是因為曾經擁有過的你。

賞析

這首詩最突出的特色，就是採用巧比曲喻的手法，淋漓盡致地表達了主人公對已經失去的心上人的深深戀情。它接連用水、用雲、用花比人，寫得曲折委婉，含而不露，意境深遠，耐人尋味。

全詩僅四句，即有三句採用比喻手法。一、二兩

句，破空而來，暗喻手法絕高，幾乎令人捉摸不到作者筆意所在。「曾經滄海難為水」是從孟子「觀於海者難為水」《孟子‧盡心篇》脫化而來。詩句表面上是說，曾經觀看過茫茫的大海，對那小小的細流，是不會看在眼裡的。它是用大海與河水相比。海面廣闊，滄茫無際，雄渾無比，可謂壯觀。河水，只不過是舉目即可望穿的細流，不足為觀，寫得意境雄渾深遠。

作者生平及特色

元稹ㄓㄣˇ（779年—831年），字微之，河南府河南縣（今河南省洛陽市）人。

拓跋什翼犍第八子彭城王拓跋力真的後代，隋朝兵部尚書、益州總管長史、平昌郡公元岩六世孫。父元寬，母鄭氏。早年和白居易共同提倡「新樂府」。世人常把他和白居易並稱「元白」，兩人的詩風，是為元白體。

軼聞：風流倜儻

元稹與女性的傳聞軼事，多傳於文人之間，亦是婉約情濃。

元稹二十四歲時娶二十歲的世家名門閨秀韋叢，三十一歲時，韋叢因病去世，元稹悲傷不已，並為亡妻寫了一系列悼亡詩，其中「曾經滄海難為水，除卻巫山不是雲」更被視為用情專一，情有獨鐘的千古佳句。然而，同年，

元稹在成都邂逅薛濤，才子佳人風花雪月。兩年後，元稹還在江陵府納妾安仙嬪，三年後娶繼室裴淑。

元稹在成都時與樂妓薛濤有過一段情感經歷，二人邂逅於梓州（今四川三台縣）。元稹回到長安後曾寄詩給薛濤。有人指出元稹「不但見女色即動心，且甚至聽女色而懷鬼胎。」

金縷衣／杜秋娘〔唐〕

> 勸君莫惜金縷衣，勸君須惜少年時。
> 有花堪折直須折，莫待無花空折枝。

這首詩的大意是「不要愛惜榮華富貴，一定要愛惜少年時光。就像那盛開枝頭的鮮花，要及時採摘。如果採摘不及時，等到春殘花落之時，就只能折取花枝了。」

賞析

這是中唐時的一首流行歌詞。據說元和時鎮海節度使李錡酷愛此詞，常命侍妾杜秋娘在酒宴上演唱杜牧的〈杜秋娘詩〉，歌詞的作者已不可考。有的唐詩本寫無名氏或李錡，也有說是杜秋娘所作。

詩中第一個妙喻，勸人珍惜一縱即逝的青春時光。金縷衣以金線縷成，流光溢彩，十分可愛；然而少年時光是人一生中最富活力的時代，所以比之金縷衣，更值

得珍惜。第二個妙喻是以折花為例，說的仍是珍惜少年時。折花要先取花光照人的時刻，若是當折不折，就會有粉怨香愁，無花空折枝之嘆了。

尤其「有花堪折直須折，莫待無花空折枝」強調的是：一、「活在當下」，活在當下的真諦，不只是追求當時的享樂，今朝有酒今朝醉的即時行樂，而是在面對人生的逆境時應該有的生活態度。二、「及時行樂」，也就是要把握現在，因「往者已矣」，明日不可知，現代人在忙碌的工作之餘，應該學習唐代詩人李涉在〈登山〉的「又得浮生半日閒」的愜意（註：日後轉成「偷得浮生半日閒」，流傳至今）。

作者生平及特色

杜秋（生卒年不詳），資治通鑑稱杜仲陽，活躍於8世紀－9世紀間，後世多稱為「杜秋娘」，是唐代金陵人。

杜秋娘雖出身微賤，卻獨稟天地之靈秀，出落得美慧無雙，不僅占盡了江南少女的秀媚，而且能歌善舞，甚至還會寫詩填詞作曲，作為歌妓曾風靡江南一帶。

詩人李涉，自號清溪子，唐代洛陽人。為官後，被貶峽州（在今湖北）、流放康州（在今廣東）、浪游桂林。擅長七絕，傳世詩作雖不多，只以一首〈登山〉之「又得浮生半日閒」一句警世，即為歷代詩話所經常提及。

「浮生」即人生。浮者，浮泡，喻為虛而不實之意。《莊子·刻意篇》即說道：「其生若浮，其死若

休。」因此，人的一生好似水面泡沫般虛浮短暫，片刻即滅；而死亡也只不過就像疲累了就要休息一般的平常，並無特別值得眷戀之處。浮生若夢，世事無常，正是佛家對紅塵人生的最佳解讀，也是李涉「又得浮生半日閒」的最佳註腳。

唐朝詩人李商隱的〈一片〉：「人間桑海朝朝變，莫遣佳期更後期。」此般心境，如同「有花堪折直須折，莫待無花空折枝」，時不我待，我們對待自己愛的人，總是懼怕時間的流逝，懼怕眨眼間，一切便錯過了。因此，來吧，莫要遲疑，請啜飲我這杯美酒。一如席慕蓉的《佳釀》：

要多少次春日的雨多少次曠野的風
多少空蕪的期盼與等待
才能幻化而出我今夜在燈下的面容
如果你歡喜請飲我
一如月色吮飲著潮汐
我原是為你而準備的佳釀
請把我飲盡吧我是那一杯
波濤微微起伏的海洋

緊密的封閉裡才能滿貯芳香
琥珀的光澤起因於一種
極深極久的埋藏
舉杯的人啊為什麼還要遲疑

你不可能無所察覺

請　請把我飲盡吧

我是你想要擁有的一切真實

想要尋求的一切幻象

我是你心中

從來沒有停息過的那份渴望

　　青春是場盛宴，但是節物風光不相待，桑田碧海須臾改，不可挽回的光景馳西流，有人說，詩酒趁年華；有人說，人生得意須盡歡，莫使金樽空對月；也有一種人說「人間桑海朝朝變，莫遣佳期更後期」，浮生若夢，也許人生最大的期望便是有人邀你共度，有人渴望在最好的年華，遇見最好的你。為了愛情，有人情願付出一生，一面等待，一面感懷。

結語

　　人生亦是如此，少年時若不勤奮上進，「老大徒傷悲」就不是空話了。全詩順口成章，明白曉暢，寄意深長。

　　此段故事也曾被台灣電視公司在1993年以「金縷衣」命名製作成電視劇。

早秋客舍／杜牧〔唐〕

風吹一片葉，萬物已驚秋。
獨夜他鄉淚，年年為客愁。
別離何處盡，搖落幾時休。
不及磻溪叟，身閒長自由。

　　這首詩的大意「微風吹過，一片片黃色的樹葉掉
落，才恍然覺察秋天已經到了。一個人身處異地他鄉，
每年都在忍受著深深的鄉愁。什麼時候才能結束這長久
的離別，返回故鄉。就像這樹葉，要什麼時候才能停止
掉落，全部落葉歸根？真羨慕那磻溪上的老者（即姜太
公）自由自在的一身輕閒。」

賞析

　　這首詩表達了詩人對家鄉深深的思念和濃濃的鄉
愁，期盼能早日回到故鄉的深刻感情。
　　杜牧胸有大志，但仕途不順，雖不甘枯守，亦無可
奈何，常瀟灑交遊，「腰纏十萬貫，騎鶴下揚州」，才
名滿天下，風流亦滿天下。有詩云：

落托江南載酒行，楚腰纖細掌中輕。
十年一覺揚州夢，贏得青樓薄倖名。

話說大和四年，廿七歲的杜牧貶赴宣州幕，一路遊山玩水解鬱，未能盡興。聞湖州盛景，乃去。

作者生平及特色

杜牧（803年—852年），字牧之，號樊川居士，京兆府萬年縣人，晚唐士大夫與作家。杜牧出身名門望族，祖父是三朝宰相杜佑，二十五歲時進士及制舉及第，出任校書郎，先後加入沈傳師與牛僧儒的幕府，復受命為監察御史，先後在長安與洛陽任官。為了治療弟弟杜顗的眼疾，杜牧一度辭職，後來加入崔鄲幕下，復受召為史官。或許是出於宰相李德裕的排擠，杜牧被外調出任州刺史，歷時共7年，終於在李德裕過世後，回朝出任員外郎及史官。在杜牧主動請求下，他在湖州出任了一年刺史，回朝後出任考功郎中兼知制誥，遷至中書舍人。

軼事：風流韻事

有關杜牧情史的風流韻事，久為文壇佳話。年輕的時候聽說湖州出美女，於是就去了湖州。他的好朋友湖州刺史崔公為了款待杜牧，就把湖州的所有名妓都召來，供杜牧選擇，可是杜牧一個都沒有看上。崔公見此情景，特意為杜牧舉辦了賽船，引得全城的姑娘都來看熱鬧。杜牧就在一旁挑選，結果還是沒有中意的姑娘。

到了晚上，一個老婆婆帶來了一位十幾歲的姑娘，杜牧對這位小姑娘一見鍾情，決定要娶這位小姑娘，但是老婆婆不願意。杜牧沒有難為老婆婆，而是說：十年後，我來湖州做刺史，再來娶這位姑娘，如果十年不來，這位姑娘就另嫁他人吧。老婆婆臨行前，杜牧又給了她許多錢，作為訂婚的彩禮。

十四年後，杜牧終於實現了自己的願望，來到湖州做了刺史。他到任後的第一件事就是打聽那位姑娘的消息，結果那位姑娘三年前嫁人了，並且有了兩個孩子。杜牧大為惆悵，寫下了一首詩：

> 自恨尋芳去較遲，不須惆悵怨芳時。
> 狂風落盡深紅色，綠葉成陰子滿枝。

一位皇帝，一位和尚，兩人合寫了一首詩，傳誦千年《瀑布聯句》

> 千巖萬壑不辭勞，遠看方知出處高。
> 溪澗豈能留得住，終歸大海作波濤。

香嚴寺瀑布，不辭辛勞，經過千巖萬壑那麼多曲折的路；在近處看，不覺得有什麼奇特，如果站在遠的地方看，才知其源頭，原是在很高的地方。

這個瀑布，從那麼高的地方流下來，而兩山之間山溝，無法容納太多的水，豈能留得住這個大瀑布！這個

瀑布終究要流歸大海，變成洶湧的波濤。

皇帝怎麼會和一位和尚共同聯詩呢？

李忱是唐朝的第十六位皇帝，她的生母鄭氏是一個宮女。大中之治（846年－859年），是指唐宣宗在位時期的治世。在皇族中，李忱經常受到其他人的戲弄。兄長李炎病逝後，宦官見李忱容易控制，立他為皇太叔，最後登上帝位。

據說，在登上帝位之前，李忱為了躲避皇族的迫害，曾經出家為僧。

一天遊到廬山的時候，碰到了香嚴閑禪師，香嚴閑禪師，是當時香嚴寺的一位高僧，兩人一起同行。

禪師說：「我有一個聯句，卻總想不到下句。」

李忱說：「請說出來，我來為你續上吧！」

禪師說：「千岩萬壑不辭勞，遠看方知出處高。」

李忱思索了之後，對出下句：「溪澗豈能留得住，終歸大海作波濤。」

這樣一首托物言志的詩，描繪了衝決一切、氣勢磅礴的瀑布藝術形象，富有激情，讀來使人激奮，受到鼓舞。

從這首詩中跳出來，我們結合當時兩人的處境，這首詩十分玄妙。

禪師作前兩句，有暗射宣宗當時處境用意；宣宗續後兩句，則寄寓不甘落寞、思有作為的情懷。

宣宗即位後即致力於改善中唐以來的社會問題，例

如：抑制宦官勢力過分膨脹，打擊不法權貴、外戚。宣宗勤儉治國，體恤百姓，減少賦稅，注重人才選拔，唐朝國勢有所起色，百姓日漸富裕，使本已十分衰敗的朝政呈現出「中興」的小康局面。

對外，大中年間收復安史之亂以來被吐蕃占領的河西地區：「克復河湟，拓疆三千里外。告成宗廟，雪恥二百年間。」使得大唐國勢復振。因此，史上對宣宗評價極高。《唐鑑》：「百吏奉法，政治不擾，海內安靖幾十五年。」

後來，李忱登上帝位，勵精圖治，國家相對安定繁榮，歷史上將這一時期稱之為「大中之治」，而李忱本人也被稱為「小太宗」。皇帝與禪師共同完成一首詩，傳為美談，難怪留傳千古。

結語

這首託物言志的觀瀑詩，描繪了瀑布歷盡坎坷最終奔向大海的堅苦卓絕形象，也以此託寓詩人對人生的思考。人不應滿足於現狀，只有胸懷壯志者，方能不畏艱難努力實現人生的價值。

相見歡／李煜〔南唐〕

> 無言獨上西樓，月如鉤。寂寞梧桐，深院鎖清秋。
> 剪不斷，理還亂，是離愁，別是一般滋味在心頭。

默默無言，孤孤單單，獨自一人緩緩登上空空的西樓。抬頭望天，只有一彎如鉤的冷月相伴。低頭望去，只見梧桐樹寂寞地孤立院中，幽深的庭院被籠罩在清冷淒涼的秋色之中。

那剪也剪不斷，理也理不清，讓人心亂如麻的，正是亡國之苦。那悠悠愁思纏繞在心頭，卻又是另一種無可名狀的痛苦。

賞析

起句「無言獨上西樓」，攝盡悽惋之神。「無言」者，並非無語可訴，而是無人共語。由作者「無言」、「獨上」的滯重步履和凝重神情，可見其孤獨之甚、哀愁之甚。本來，作者深諳「獨自莫憑欄」之理，因為欄外景色往往會觸動心中愁思，而今他卻甘冒其「險」，又可見他對故國（或故人）懷念之甚、眷戀之甚。

「月如鉤」，是作者西樓憑欄之所見。一彎殘月映照著作者的孑然一身，也映照著他視線難及的「三千里地山河」（〈破陣子〉），引起他多少遐想、多少回憶？而俯視樓下，但見深院為蕭颯秋色所籠罩。

「寂寞梧桐深院鎖清秋」，此處的「寂寞」者究竟是梧桐還是作者，已無法、也無須分辨，因為情與景已妙合無垠。

過片後「剪不斷」三句，以麻絲喻離愁，將抽象的情感加以具象化，歷來為人們所稱道，但更見作者獨到

之處的還是結句：「別是一般滋味在心頭」。詩詞家藉助鮮明生動的藝術形象來表現離愁時，或寫愁之深，如李白〈遠別離〉：「海水直下萬里深，誰人不言此愁古」；或寫愁之長，如李白〈秋浦歌〉：「白髮三千丈，緣愁似個長」；或寫戀之重，如李清照〈武陵春〉：「只恐雙溪舴艋舟，載不動許多愁」；或寫愁之多，如秦觀〈千秋歲〉：「春去也，飛紅萬點愁如海」。

李煜此句則寫出愁之味：其味在酸鹹之外，但卻根植於作者的內心深處，無法驅散，歷久彌鮮；舌品不得，心感方知。因此也就不用訴諸人們的視覺，而直接訴諸人們的心靈，讀後使人自然地結合自身的體驗而產生同感。這種寫法無疑有其深至之處。

作者生平及特色

李煜（937年—978年），南唐中主李璟第六子，徐州人。北宋建隆二年（961年）在金陵即位，在位十五年，世稱「李後主」。他即位的時候，南唐實際已降宋，苟安於江南一隅。

〈子夜歌·人生愁恨何能免〉

人生愁恨何能免，銷魂獨我情何限！故國夢重歸，覺來雙淚垂。高樓誰與上？長記秋晴望。往事已成空，還如一夢中。

人生的愁恨怎能免得了？只有我傷心不已悲情無限！我夢見自己重回故國，一覺醒來雙淚垂落。有誰與我同登高樓？我永遠記得一個晴朗的秋天，在高樓眺望。往事已經成空，就仿佛在夢中一般。

〈虞美人・春花秋月何時了〉

> 春花秋月何時了？往事知多少。小樓昨夜又東風，故國不堪回首月明中。雕欄玉砌應猶在，只是朱顏改。問君能有幾多愁？恰似一江春水向東流。

昨夜小樓上又吹來了春風，在這皓月當空的夜晚，怎承受得了回憶故國的傷痛。要問我心中有多少哀愁，就像這不盡的滔滔春水滾滾東流。

李後主（南唐後主李煜），先前即位於金陵（南京）。被宋俘虜後，禁閉於開封。後被宋太宗賜死，追封吳王，葬於洛陽邙山。李後主算是歷史上的一個小朝小帝，如果從歷史去看他，沒有幾個人認識他。但是這位小皇帝文才出眾，能寫、能畫，且所作之詞影響後人頗多，幾首詞更是膾炙人口、流傳千古。但也是哀怨詞寫多了，令宋皇帝不爽，而將之賜死。就像蘇東坡一樣，寫多了詩詞，就會有人向皇帝告狀，說這句話有污辱皇帝之意，那句話心懷怨氣，因此就被貶到邊陲。

結語

　　李後主作為一個皇帝，絕對是不適任，但是如果不是身為皇帝，特別是被俘虜的皇帝，他也就寫不出如此富有感情的詞句，所謂「文窮而後工」，所以他是一位被時代所捉弄的人；但也是一位被時代所造就的人。

　　作家蔡詩萍所著《李後主事件簿》強調李後主雖死得很淒慘，但為他寫下該書，讓他繼續活在二十一世紀。我認為李後主的詞令人喜愛，朗朗上口，應會繼續活到千秋萬世。

風流倜儻的才子柳永〔北宋〕

> 多情自古傷離別，更那堪，冷落清秋節！今宵酒醒何處？楊柳岸，曉風殘月。此去經年，應是良辰好景虛設，便縱有千種風情，更與何人說？
>
> 〈雨霖鈴〉

賞析

　　此詞之所以膾炙人口，是因為它在藝術上頗具特色，成就甚高。早在宋代，就有記載說，以此詞的纏綿悱惻、深沉婉約，只合十七八女郎，執紅牙板，歌「楊柳岸、曉風殘月」。這種格調的形成，有賴於意境的營

造。詞人善於把傳統的情景交融手法運用到慢詞中，把離情別緒的感受，通過具有畫面性的境界表現出來，意與境會，構成一種詩意美的境界，給讀者以強烈的藝術感染。

全詞雖為直寫，但敘事清楚，寫景工致，以具體鮮明而又能觸動離愁的自然風景畫面來渲染主題，狀難狀之景，達難達之情，而出之以自然。末尾二句畫龍點睛，為全詞生色，為膾炙人口的千古名句。

作者生平及特色

柳永（約985年—1053年），北宋著名詞人，婉約派代表人物。漢族，崇安（今福建武夷山）人，原名三變，字景莊，後改名永，字耆卿，排行第七，又稱柳七。宋仁宗朝進士，官至屯田員外郎，故世稱柳屯田。

柳永自稱「奉旨填詞柳三變」，以畢生精力作詞，並以「白衣卿相」自詡。其詞多描繪城市風光和歌妓生活，尤長於抒寫羈旅行役之情，其中慢詞獨多，鋪敘刻畫，情景交融，語言通俗，音律諧婉，在當時流傳極其廣泛，有「凡有井水飲處，皆能歌柳詞」之說。

柳永作為婉約派最具代表性的人物之一，對宋詞的發展有重大影響，代表作有〈雨霖鈴〉、〈八聲甘州〉、〈鳳棲梧〉等，現存有大量詩篇。

柳永自幼讀書，參加科舉考試金榜題名，走上仕途。由於他的個性「喜作小詞，薄於操行」，「好為淫

冶謳歌之曲，傳播四方」，其中有「忍把浮名，換了淺斟低唱」而開罪宋仁宗，宋仁宗便把柳永的進士除名，說了句「且去淺斟低唱，何要浮名」，斷了他的仕途。

柳永因此滿腹牢騷，更是放浪形骸，以「奉聖旨填詞柳三變」留戀於煙花巷陌，整日偎紅依翠來尋得精神上的解脫與心靈的慰藉，被當時的士大夫與文人卑鄙，認為他不配為文人。

北宋繁華的夜生活

北宋經濟發達，寬鬆的私生活，酒店林立，秦樓楚館，士大夫與文人趨之若鶩，一個風采各異的女子「靚妝迎門，爭妍賣笑，朝歌暮弦，搖盪心目」，形成當時特有的一種文化意味。

宋代，歌妓並不是以賣「肉」為主，她們都比一般的家庭女性更有文化水平與藝術素養，不僅風情千般，能歌善舞，還知音曉律，能賦詩填詞。

柳永是性情中人，不像那些偽君子，表面上循規蹈矩，道貌岸然，背地裡極度齷齪，講究「花賞半開，酒飲微醺」，隱蔽地發泄情慾，還常在公眾場合大談「存天理，滅人慾」。

柳永是北宋繁華時代，都市文化薰染出來的下層文人，看透名利。

結語

縱觀柳永的一生褒貶不一，被認為離經叛道，為主流社會所不容，但「凡有井水處，皆能歌柳詞」，卻被一般老百姓所接納及喜愛。

江上漁者／范仲淹〔北宋〕

> 江上往來人，但愛鱸魚美，
> 君看一葉舟，出沒風波里。

意思是江岸上來來往往的行人，只喜歡鱸魚味道的鮮美，請看那一葉小小漁船，時隱時現在滔滔風浪裡。

這裡雖然沒有直言打漁人的艱險，但情溢言外，讀者是完全可以感受到的，這裡隱喻比直言更為可取，更具有藝術魅力。

賞析

這首語言樸實、形象生動、對比強烈、耐人尋味的小詩，反映了漁民勞作的艱辛，喚起人們對民生疾苦的注意。

范仲淹是主張革新的政治家，北宋仁宗時曾擔任參知政事，主持變法，他關心生活在社會下層一般民眾

的疾苦，寫過一些同情勞動人民的詩歌作品，但流傳下來的卻很少。這首〈江上漁者〉描述漁民生活勞動的艱苦，指出江上來來往往飲酒作樂的人們，只知道品嚐鱸魚味道的鮮美，卻不知道也不想知道打魚人出生入死面對驚濤駭浪搏鬥的艱辛，詩句樸實流暢，就像一首漁歌號子，吟誦起來琅琅上口，饒有韻味。

中國江南水鄉，川道縱橫，極富魚蝦之利，其中以江蘇松江四腮鱸魚最為知名，凡往來於松江水上的，沒有不喜歡這一特產，不希望一嚐這一美味佳餚的。范仲淹江蘇吳縣人，生長在松江邊上，對這一情況，知之甚深，但他發之於詩，卻沒有把注意力僅僅停留在面對鱸魚這一美味的品嚐和讚嘆上，而是注意到另外更值得，即隱藏在這一特產背後漁民的痛苦和艱險，並且深表同情。

作者生平及特色

范仲淹（989年－1052年），字希文，漢族。蘇州吳縣人。北宋傑出的思想家、政治家、文學家。

范仲淹幼年喪父，母親改嫁長山朱氏，遂更名朱說。大中祥符八年（1015年），范仲淹苦讀及第，授廣德軍司理參軍，迎母歸養，改回本名。後歷任興化縣令、祕閣校理、陳州通判、蘇州知州等職，因秉公直言而屢遭貶斥。康定元年（1040年），與韓琦共任陝西經略安撫招討副使，採取「屯田久守」方針，鞏固西北邊防。慶曆三年（1043年），出任參知政事，發起「慶曆

新政」。不久後，新政受挫，范仲淹被貶出京，歷知邠州、鄧州、杭州、青州。皇祐四年（1052年），改知潁州，范仲淹扶疾上任，於途中逝世，年六十四。追贈兵部尚書、楚國公，諡號「文正」，世稱范文正公。

范仲淹政績卓著，文學成就突出。他倡導的「先天下之憂而憂，後天下之樂而樂」思想和仁人志士節操，對後世影響深遠，有《范文正公文集》傳世。

岳陽樓記／范仲淹〔北宋〕

> 先天下之憂而憂，
> 後天下之樂而樂。

中國古代的聖賢和忠臣義士藉由修身養性，其人品都達到崇高的精神境界。他們為後人留下了許多閃爍著真理之光的名言名句，至今仍是激勵人心的寶貴精神遺產，范仲淵的這句「先天下之憂而憂，後天下之樂而樂」至今傳誦。

賞析

北宋朝名臣范仲淹雖然沒有做出驚天動地的宏偉壯舉，然而他在〈岳陽樓記〉中寫出的「先天下之憂而憂，後天下之樂而樂」同樣也是一句傳頌千古、膾炙人口的名言。

先天下之憂而憂，後天下之樂而樂，原文是：「不以物喜，不以己悲，居廟堂之高，則憂其民；處江湖之遠，則憂其君。是進亦憂，退亦憂；然則何時而樂耶？其必曰：先天下之憂而憂，後天下之樂而樂歟！」

其涵義是指無論面對失敗還是成功，都要保持一種恆定淡然的心態，不因一時的成功和失敗而妄自菲薄，無論何時都要保持一種豁達淡然的心態。

如何才能培養「先公後私」的美德呢？大家不妨先從培養同理心、關懷顧念等品德情意入手。在日常生活中，我們需要與不同的人相處，要學習互相關心、包容、體諒，彼此幫助，不能自私自利，無視他人感受。大家要多為別人著想，凡事易地而處，換位思考去理解和感受，站在對方的處境、立場去思考和抉擇。

至於「以天下為己任」方面，可先從關心身邊的人和事開始，再推而廣之，到關心社會，心繫祖國，以至天下萬物，發揮關懷顧念、仁民愛物的精神，愛護別人，服務社群，最終以達到無私無我的境界。

延伸思考

道家始祖老子：「富貴者送人以財，仁人者送人以言」；儒教始祖孔子則在「論語」中留下「不義而富且貴，於我如浮雲」的名句；宋朝民族英雄岳飛精忠報國，他在〈滿江紅〉一詞中吟出「三十功名塵與土，八千里路雲和月」氣壯山河的瑰偉妙詩；文天祥則在〈過

零丁洋〉一詩中留下了「人生自古誰無死，留取丹心照
汗青」如此氣吞山河的千古絕句。他們的人品及高尚的
情操值得我們學習。

識遍天下字、讀盡人間書的狂語
／蘇東坡〔北宋〕

　　北宋大文豪蘇東坡是一代詞宗，他的詞開豪放派之
先河，對後代影響深遠。他的詩文和書法造詣也很深，
成就超過了他的父親蘇洵、弟弟蘇轍，是北宋「三蘇」
中的佼佼者。

　　蘇東坡自幼天資聰穎，才智過人，他博覽群書，
博通經史，又長於作文，常常受到人們的稱讚。久而
久之，少年成名的蘇東坡不禁有些沾沾自喜，自矜之
情亦不覺隨之而萌，以為自己已經「才高八斗，學富五
車」，於是在門前手書一聯：

　　識遍天下字
　　讀盡人間書

　　沒料到事隔幾天，忽然一位鶴髮童顏的老者專程來
到蘇宅，自言想向蘇東坡「求教」。蘇東坡來到門外，
見老人衣著平凡，不像是個讀書人，不禁面露輕視之
色。不過，那老人並不在意，只是指著對聯問：「蘇公
子，這對聯可是你寫的嗎？」

蘇東坡得意地點點頭：「正是。」

「這麼說，公子可謂無書不讀，無字不識？」

蘇東坡雙眉一揚，傲慢地答道：「不錯。」

老人仍然毫不以為意，笑了笑說：「老朽家中藏有一書，正想向蘇公子請教！」說著，老人自袖中取出一本小書，遞給蘇東坡。

蘇東坡滿不在乎地接過一看，不禁大吃一驚，當場怔住了。原來書中皆是古文，十個字中有七、八字蘇東坡不認識。蘇東坡立刻明白了老人來意，頓時羞得滿臉通紅，連連向老者道歉，只見老者微微一笑，點點頭飄然而去。蘇東坡站在門口目送老者的背影，回想起剛才自己態度無理，既未請老人進屋內，也未奉茶以示款待，不覺更是汗顏。

經過這次教訓，蘇東坡明白了「學海無涯，山外有山」的道理。慚愧之餘，蘇東坡提筆來到門口，在上下聯前各添了兩個字，把原來的對聯改為

發憤識遍天下字
立志讀盡人間書

從此以後，蘇東坡一改過去心高氣傲的毛病，虛心求教，孜孜不倦地求學苦讀，終於成為一代大詩人、大文豪。

俗語說：強中更有強中手，勸戒人不能自滿自大。《濟公傳》第一八八回：「豈不知泰山高矣，泰山之上

還有天；滄海深矣，滄海之下還有地。人外有人，天外有天，做事膽要大而心要小，智要圓而行欲方，見狸貓而當虎看，方保無虞。」老子《道德經》：「江海所以能為百谷王者，以其善下之。」真正有成就的人都懂得謙遜處下，因你永遠不知道別人有多強大。

的確，歷史上有多少人因孤高自傲而無法全身而退，甚至招來殺身之禍，難怪唐太宗李世民於忠臣魏徵病逝後流著眼淚說：「夫以銅為鏡，可以正衣冠，以史為鏡，可以知興替，以人為鏡，可以明得失。魏徵沒，朕亡一鏡矣！」意思是用銅當鏡子可以整理自己的儀容，端正自己的樣貌；用歷史來當作鏡子，可以明白朝代興起與衰亡的道理；把人當作鏡子，可以知曉自己的優點與缺失。現代人應以謙虛處世的態度學習，以史為鑒，鑑往知來，方不致重蹈覆轍。

作者生平及特色

蘇軾（1037年—1101年），眉州眉山（今四川省眉山市）人，北宋時著名的文學家、政治家、藝術家。字子瞻，一字和仲，號東坡居士、鐵冠道人。嘉佑二年進士，累官至端明殿學士兼翰林學士、吏部尚書、兵部尚書、禮部尚書。南宋理學方熾時，加賜諡號文忠，復追贈太師。有《東坡先生大全集》及《東坡樂府》詞集傳世，宋人王宗稷收其作品，編有《蘇文忠公全集》。

蘇軾詞風豪放（王國維曰「東坡之詞曠」），將詞

「詩化」，筆力雄健，個性鮮明，展現出作者曠達、爽朗的個性，多豪情壯語，意氣昂揚，感情奔放，想像豐富奇特。體裁和音律上，蘇軾不喜剪裁以就聲律，詞的文學生命重於音樂的生命。蘇詞作品往往有序，闡明詞的內容，或作詞的原委、時間、地點，事實分明。

軼聞

宋仁宗嘉佑二年，蘇軾與蘇轍一同進京參加會考。蘇軾以一篇〈刑賞忠厚之至論〉的論文得到考官梅堯臣的青睞，並推薦給主試官歐陽修。歐陽修亦十分讚賞，原本欲拔擢為第一，但又怕該文為自己的門生曾鞏所作，為了避嫌，列為第二。結果試卷拆封後才發現該文為蘇軾所作，而取為第一的卻是曾鞏的作品，正是陰錯陽差，弄巧成拙。到了禮部複試時，蘇軾再以〈春秋對義〉取為第一。

蘇軾「八風吹不動」的故事

蘇東坡才華洋溢，堪稱文壇上的奇葩，他有一個相知甚篤的方外之交「佛印禪師」，平時二人在佛學、文學上總不忘相互切磋，但每次老是讓佛印禪師佔盡上風，蘇東坡心裡總覺不是滋味，所以百般用心，想讓佛印下不了台。

有一天，兩人相對坐禪，蘇東坡一時心血來潮，問佛印禪師：「你看我現在禪坐的姿勢像什麼？」佛印禪

師說：

「像一尊佛。」蘇東坡聽了之後滿懷得意。此時，佛印禪師反問蘇東坡：

「那你看我的坐姿像個什麼？」

蘇東坡毫不考慮地回答：「你看起來像一堆牛糞！」佛印禪師微微一笑，雙手合十說聲：「阿彌陀佛！」

蘇東坡回家後，很得意地向妹妹炫耀，說：「今天總算佔了佛印禪師的上風。」蘇小妹聽完原委，卻不以為然地說：「哥哥！你今天輸得最慘！因為佛印禪師心中全是佛，所以看任何眾生皆是佛，而你心中全盡是污穢不淨，把六根清淨的佛印禪師，竟然看成牛糞，這不是輸得很慘嗎？」

蘇東坡手拈一拈鬍子，黯然地同意蘇小妹的看法。

事隔多時，蘇東坡修禪定日漸有了功夫，一次出定後，喜孜孜地寫了一首詩：「稽首天中天，毫光照大千，八風吹不動，端坐紫金蓮。」立刻差書童過江，送給佛印禪師，讓他評一評自己的禪定功夫如何。

佛印禪師看過後，莞然一笑，順手拈來一枝紅筆，即在蘇東坡的詩上寫了兩個斗大的字：「放屁」，再交給書童帶回。

蘇東坡本料想佛印會給他諸多的讚美，怎一看回信中竟是斗大的兩個紅字「放屁」，不由得火冒三丈，破口大罵：「佛印實在欺人太甚，不讚美也就罷了，何必罵人呢？我非立刻過江與他理論不可！」誰知佛印禪師早已大門深鎖，出遊去了，只在門板上貼了一副對聯，

上面寫著：「八風吹不動，一屁打過江。」

蘇東坡看後深覺慚愧不已，自嘆修行不如佛印遠矣！

蘇軾取茶的方式

蘇軾請書童去佛印處取物，請書童頭帶斗笠，腳穿木。

書童問取何物？蘇軾說：「佛印禪師看到你就知道了。」

書童見到佛印禪師表達來意，佛印禪師問：「取何物？」我家主人說：「你看到我就知道了。」佛印禪師表示了解，取了一包東西交給書童。

答案是茶葉，因書童頭帶斗笠，上為艸，人在中，腳穿木。

蘇軾與佛印禪師的交手過招，二人相當嫻熟，文學底蘊又深厚。因此，歷史上記載頗多二人交往的有趣故事。

蘇軾路過金山留佳作與迴文詩

北宋熙寧初年（1068年），蘇軾再一次地因為上書表達對於王安石新法的不滿，書中對新法進行嚴厲的批評，其結果導致蘇軾被主張變法的一派攻擊，後來蘇軾不堪重負，選擇了主動請求外放到杭州擔任通判，蘇軾在去杭州的路上，恰好路過了鎮江金山寺。

蘇軾路過的金山，正是《白蛇傳》裡面水漫金山的金石，都是同一個金山，只不過蘇軾去的時候，還沒有「水漫金山」這一個典故，是後來到了清朝才有水漫金山。因

此，蘇軾並不知道，他只是恰好路過，然後他站在金山石上面，看著下面的長江之上寥寥漁舟，江水拍打在岸邊，跟很多詩人一樣，蘇軾也在這裡感嘆了起來，於是他就揮筆寫下一首名為〈題金山寺〉的千古名作。

潮隨暗浪雪山傾，遠浦漁舟釣月明。橋對寺門松徑小，檻當泉眼石波清。迢迢綠樹江天曉，靄靄紅霞海日晴。遙望四邊雲接水，碧峰千點數鴻輕。

從詩中便可大致看出蘇軾在寫這首詩的時候，並沒有用一些過於繁瑣的語言，直接就是簡單明瞭的將金山附近的風景盡數描繪在人們面前。雪山、漁舟、明月、小橋、門松，種種景色都在詩中描寫出來，讓讀者霎時就體會蘇軾想要表達的意思和想法，瞬間就將讀者帶入到詩詞之中。

正反讀皆是美景

這首詩從正反兩讀皆是美景，詩所描寫的景象讀來可以感受種種景色在你的眼前勾勒出一幅幅美麗的畫卷，你甚至可以感受到雪山給你帶來的清涼，不遠處漁舟上漁民的高歌，還有那遠在天邊近在眼前的明月將光輝灑在你的身上，如同給你披上一層銀色的外衣。收回目光望向近處，不遠處綠樹和天邊的晚霞連接在一起，一幅霞美的晚霞落日圖。

將這首詩正著讀就已經感覺到來自幾千年前蘇軾站

在金山寺前感受著美景，然後提筆肆意發揮，一筆寫下這千古名作；但這首詩還有另外一大亮點，那就是把詩反過來讀，可能很多人都不太習慣將一首詩反過來讀，畢竟按照常理來說，一首詩只能正著讀，若是反著讀的話，不僅可能會語序不通，還很可能會破壞詩中原有的意境。

然而蘇軾的這首詩不一樣，不知道是因為蘇軾故意如此為之，或是無意之中將這首詩達到了一個正反皆可的境界，所以蘇軾的這首詩不僅正著讀是一種意境，反著讀同樣有著另外一種意境，絲毫不會因為反過來了就導致詩中的意境被破壞，下面就來看看這首詩反過來的情況。

「輕鴻數點千峰碧，水接雲邊四望遙。晴日海霞紅靄靄，曉天江樹綠迢迢。清波石眼泉當檻，小徑松門寺對橋。明月釣舟漁浦遠，傾山雪浪暗隨潮。」

「千峰」、「海霞」、「寺對橋」等等，同樣的一首詩，反過來卻有著相同的意境，絲毫沒有感覺到有一點點的違和感，只不過相比正著讀，反著讀似乎換了一個角度，不在是蘇軾站在金山寺上面，而是站在了另外一個角度去感受詩中的意境。

迴文詩，也叫作愛情詩或者迴環詩，它是漢語特有的一種使用詞序迴環往復的修辭方法，文體上稱之為回文體。這種詩詞迴環往復，綿延無盡，給人以盪氣迴腸，意興盎然的美感。回文的形式在晉代以後就很盛行，而且在多種文體中被採用。迴文詩有很多種形式如

通體回文、就句回文、雙句回文、本篇回文、環復回文
等很多種形式，雖然不乏遊戲之作，卻也頗見作者遣詞
造句的功力。

略舉歷代寫迴文詩的文人雅士數例如下：

【燕舞】──宋‧洪內翰
【兩相思】──宋‧李禺
【賞花】──宋‧秦觀
【賞花】──宋‧蘇小妹
【疊字】──宋‧佛印
【四時山水詩】──明末‧浙江才女吳絳雪
【茶壺】──清‧黃伯權

結語

蘇軾這首〈題金山寺〉，採用了一種迴文詩的寫
法，利用一種次序反覆而達到另外一種修辭方式來表達
詩，這便是大詩人蘇軾的功力，揮筆一寫便是千古名
作，在反過來又是一篇名作。不禁讓人讚嘆蘇軾文學底
蘊的深厚！

廬山煙雨〈觀潮〉蘇軾

廬山煙雨浙江潮，未至千般恨不消。
到得還來別無事，廬山煙雨浙江潮。

蘇東坡寫了不少禪詩，令人津津樂道，回味再三。

其中〈觀潮〉一詩的意境及人生領悟頗值深思回味。

　　此詩的大意是，一心嚮往廬山的煙雨濛濛和浙江錢塘潮汐的澎湃滔滔，可惜一直無緣登臨廬山，置身煙雨之中，以及親至浙江錢塘，目睹潮水的壯闊景象，每每引以為憾。後來，終於有機會親臨廬山、浙江，看到了美麗神祕的濛濛煙雨和宏偉壯觀的錢塘潮水，這時心中反而沒有什麼特殊的感受，只覺廬山煙雨就是廬山煙雨，浙江潮水就是浙江潮水嘛！

賞析

　　事實上，原來我們對於未知的事物總是十分好奇，朝思暮想，內心充滿著想像。諸如舉世美景之廬山煙雨和浙江潮，未見識前，其是多麼神奇！多麼具有吸引力！直到有一天看見了，原先的神祕感消失，也就只是所謂的廬山煙雨和浙江潮罷了。

　　再者，無論是廬山煙雨或浙江潮，自古以來，始終就在那裡，就是這個模樣，不因你的到或不到、見或不見而有所增減。

　　林語堂曾用「天真的小孩」來形容蘇東坡，人生最大的率真不過就是雖不能做到「不以物喜，不以己悲」，但卻總能像孩子蹣跚學步一樣摔倒了再爬起來。這樣看透世情的蘇軾，將對人生的種種思考都寫進了他的詩詞作品中。〈觀潮〉這首詩是蘇軾在臨終前寫給兒子的一首作品，全詩言簡意賅，富含哲理，短短廿八個字道盡人生三大境界。

〈觀潮〉一詩，也是繼於以往人生體驗，看清自己心隨境轉、雜念叢生的衝動之後的淡雅，不隨著衝動妄念走跳。

從詩的命意看，可以看出詩人對廬山的風景和錢塘江潮慕名已久，常縈於夢寐。似乎如果不能身歷廬山之境，一賞煙雨迷濛之奇；如果不能目睹錢塘江潮，一看其萬馬奔騰，勢撼山嶽之壯，真是辜負此生，千般遺憾，難以消解。

蘇軾後來攀登廬山，出任杭州刺史，飽覽廬山的煙雨，欣賞了一年一度的錢塘江潮，反倒覺得客觀的景物究竟是曠世稀有還是平淡無奇，也不過是自己主觀意識的驅動。煙雨的聚散飄忽，江潮的自來自去，似乎不再那麼激烈澎湃，不過是風幡不動心的妄動。

延伸思考

此與濟公圓寂臨終前曾作一偈有相同的感悟：

> 六十年來狼藉，東壁打到西壁；
> 如今收拾歸來，依舊水連天碧。

此處的狼藉與其說是修行辛苦未能得力，不如看成是打破章法與慣性的一種工夫，所謂隨立隨破，隨破隨立，不落兩端，來時水連天碧，走時亦是水連天碧。山還是山，水還是水，富貴榮華，悲歡離合，不都是過眼雲煙，這是人到最後，終得生死解脫的大自在。陶淵

明曾形容死亡：「死去何所道，拖體同山阿」；阿根廷詩人、被稱為「作家中的作家」博爾赫斯（Jorge Luis Borges）也曾對生死的感悟比喻：「人死了就像水消失在水中」。難怪道濟禪師臨終前有所悟，我來這裡時連天的碧水，我走時，這裡依舊是碧水連天，或許這就是生命的意義。

濟公又稱「濟公活佛」、「濟公菩薩」、「濟癲和尚」，俗名李修緣（另說為李修元），另有一名為心遠；生於南宋紹興三年二月初二（西元1148年），出家後法號「道濟」，又稱「道濟禪師」。

人生在世不過是一場體驗，如同演一場舞台劇，演完了就下台，軀體託付給山川，靈魂交付給流水，就像什麼都不存在，卻又與萬事萬物同在。北宋文豪黃庭堅有詩云：「雪盡虛簷滴，春從細草回」，喚醒了春天，冬天真的消失了嗎？它只是進入另一個輪迴，死亡並不是終點，而是圓融和新生。

結語

其實，如同禪悟的三個階段，亦即入禪的三種境界，由「見山是山，見水是水」進而「見山不是山，見水不是水」，最後又是「見山是山，見水是水」。然此廬山煙雨或錢塘潮汐，已非悟前之廬山煙雨和錢塘潮汐，這煙雨，這潮汐，就是佛，就是禪。蘇軾的「觀潮」說明詩人觀物悟禪的過程以及禪悟後空寂曠達的心境。

總之，人生在世有起有伏，當逆境來的時候，只要

善用心念去轉化，凡事正面思考，此時，因緣就能隨心而轉，助緣增上，命運是掌握在自己的手上。

祭亡兄端明文——最深兄弟情／蘇轍〔北宋〕

蘇轍收到哥哥蘇軾的遺書：「即死，葬我嵩山下，子為我銘。」

蘇轍，北宋時眉山(今四川省眉山縣，位成都市西南）人，晚年自號穎濱遺老，蘇軾之弟，人稱「小蘇」。蘇轍是散文家，為文以策論見長，在北宋也自成一家，但比不上蘇軾的才華橫溢。他在散文上的成就，如蘇軾所說，達到了「汪洋澹泊，有一唱三嘆之聲，而其秀傑之氣終不可沒」。蘇轍著有《欒城集》，與其父蘇洵、兄蘇軾合稱「三蘇」，均在「唐宋八大家」之列。宋神宗年間曾任翰林學士、尚書右丞、門下侍郎等職，為著名散文家。

蘇軾與蘇轍兄弟情至深。北宋大文豪蘇軾的〈水調歌頭〉是公認的中秋詞絕唱，這首詞將自然和社會高度契合，不僅將賞月的想像力上升到極致，還曠達地由中秋團圓之時聯想起人間的離別，感念人生的離合無常，由此表達對胞弟蘇轍的無限思念，更加堅定「月有圓時，人也有相聚之時」的執著信念。

蘇軾的這首中秋詞，也是他們兄弟倆「史上最深兄弟情」的最好詮釋與見證。

西元1076年，也就是宋神宗熙寧九年，三十九歲

的蘇軾從杭州任上轉任密州（今山東諸誠）已有兩年時間。他的弟弟蘇轍於1075年也改授齊州（今山東濟南）掌書記。一晃，他們兄弟倆又有七年時間沒有相聚了。

於是，那年月色如銀清輝如洗的中秋節。蘇軾在密州一方面關注著大宋時局，期盼返回京城工作，一方面又極為思念同在山東任職的弟弟蘇轍，便一邊賞月，一邊獨自飲酒，直到天亮。觸景生情下，一揮而就，寫下這首中秋絕唱：

明月幾時有？把酒問青天。不知天上宮闕，今夕是何年。我欲乘風歸去，又恐瓊樓玉宇，高處不勝寒。起舞弄清影，何似在人間。轉朱閣，低綺戶，照無眠。不應有恨，何事長向別時圓？人有悲歡離合，月有陰晴圓缺，此事古難全。但願人長久，千里共嬋娟。

字裡行間，曠達的蘇軾將中秋賞月的複雜心情靈動地顯現出來，對蘇轍的兄弟情亦躍然紙上。

蘇軾的這首中秋詞，傳唱大江南北家喻戶曉後，立時散發出萬丈光芒，使他的名聲更是響徹雲霄。

蘇轍死後，兒子們依照父親遺願，將他葬在河南郟縣城西二十七公里處，小峨眉山東麓茨芭鎮，兩人死後葬在一起。

蘇軾與蘇轍是同科進士，同年步入仕途。兩人的政治思想大致相同，在變法鬥爭中共同進退，晚年又同樣

被貶到南方的蠻荒地帶。蘇軾個性鮮明，曠達灑脫，蘇轍則沉穩內斂，慮事周全。兄弟倆形成明顯的互補。二人的仕途雖然坎坷有異，而相知相親，始終如一。

結語

　　蘇軾與蘇轍兄弟同為唐宋八大家，二人感情至深。曹植曾嘆：「本是同根生，相煎何太急」說的是兄弟相煎相殘。俗語說：「兄弟同心，其利斷金。」比喻只要兄弟一條心，便能發揮很大的力量。這裡的兄弟不一定是親生兄弟，可以是要好的朋友或夥伴，因此泛指團結就是力量。

　　「兄弟同心，其利斷金。」此語出自《周易・繫辭上》：「二人同心，其利斷金；同心之言，其臭如蘭」。

　　兩個人有著共同目標，同心而行，向著相同方向進發，其利益／好處之多，甚至可以將堅硬無比的黃金折斷；同樣地，同心出發的說話，就好像「嗅」到蘭花一樣，芳香撲鼻，清新宜人。「臭」與「嗅」二字相通。

　　在《三國演義》裡，在桃園結義的劉備、關羽、張飛，便是本著「兄弟同心，其利斷金」這個信念，一起出生入死，殺敵無數。曹操多次威迫利誘關羽和張飛，希望羅致旗下，但也未能成功。

　　兄弟同心土變金，兄弟之間要友愛，但現代人常常為分家產，爭企業的經營權，兄弟鬩牆，甚至反目成仇，時有爾聞。蘇軾兄弟間的情深，兄友弟恭，確實值

得我們現代人學習。

游山西村／陸游〔南宋〕

莫笑農家臘酒渾，豐年留客足雞豚。
山重水複疑無路，柳暗花明又一村。
簫鼓追隨春社近，衣冠簡樸古風存。
從今若許閒乘月，拄杖無時夜叩門。

不要笑話農家的酒渾，豐收之年有豐足的佳餚款待
客人。當山和水不斷出現在我眼前時，我正疑惑無路可
行，忽見柳色濃綠，花色明麗，一個村莊出現在眼前。
吹簫擊鼓，結隊喜慶，春社祭日已臨近，布衣素冠，簡
樸的古風依舊保存。從今後，如果允許大家在晚上閒
逛，那麼我將拄著枴杖，不定時地會在夜晚敲響農家朋
友的柴門。

賞析

此詩作於宋孝宗乾道三年（1167）初春，當時陸游
正罷官閒居在家。在此之前，陸游曾任隆興府（今江西
南昌市）通判，因在隆興二年（1164）積極支持抗金將
帥張浚北伐，符離戰敗後，遭到朝廷中主和投降派的排
擠打擊，以「交結台諫，鼓唱是非，力說張浚用兵」的
罪名，從隆興府通判任上罷官歸里。

陸游回到家鄉的心情相當複雜，苦悶和激憤的感情交織在一起，然而他並不心灰意冷。「慷慨心猶壯」〈聞雨〉的愛國情緒，使他在農村生活中感受到希望和光明，並將這種感受傾瀉到自己的詩歌創作裡。此詩即在故鄉山陰（今浙江紹興市）所作。

　　其中「山重水複疑無路，柳暗花明又一村」既寫出山西村山環水繞，花團錦簇，春光無限，另一方面它又富於哲理，表現了人生變化發展的某種規律性，令人回味無窮。此亦在鼓勵人們在面對困難時，不要消沉及焦慮，要學會變通及繞路，思考如何解決的方案，西方諺語：「上帝在關上一道門時，就會在別處給你打開一扇窗。」因此，不要一陳不變，因山不轉路轉，路不轉人轉，要學會不斷改變自己的思維觀念，藉由轉念、努力、付出及毅力，走出困境，重啟新的希望。所謂：「天下事有難易乎？為之，則難者亦易矣；不為，則易者亦難矣。」誠如《孟子・梁惠王上》：「是不為也，非不能也。」

作者身平及特色

　　陸游（1125年—1210年），字務觀，號放翁，越州山陰（今浙江紹興）人，南宋詩人、詞人。後人每以陸游為南宋詩人之冠。陸游自言「六十年間萬首詩」，是中國歷史上自作詩留存最多的詩人。

一、強烈的愛國情懷

陸游所創作的詩歌中，你很容易就會發現一個特點：充滿愛國激情。他在詩中經常表達出對國家的熱愛和憂念，並且經常激烈地提出反抗外族侵略和收復失地的要求。這一點在陸游的一生中，貫徹始終，從未改變。

雖然陸游在其詩作中大多洋溢著強烈的愛國情懷，但他並非獨沽一味，出乎大家意料的是他是一位有多方面創作才能的詩人。如果你細心讀他的作品，你還會發現部分詩中流露的是消極、逃避現實的情緒，也有抒寫流連光景、身邊瑣事和閒適生活等。

整體來說，陸游之所以在歷史上聞名，很大的一部分原因在於他熱愛國家和同情廣大百姓這一特色。

二、集百家之大成

陸游可以說得上是宋代最傑出的詩人，在詩歌方面的文學造詣極高，通過他優雅的文筆令大家感受到其文學藝術的魅力。你或許會好奇，陸游究竟是如何成為文學的高峰？這就必須提到他的成長經歷。

陸游早年學詩於曾幾，最初從江西派入手，取其精華去其糟粕，把江西派的精髓融會貫通，摒棄其過分的奇險雕琢。除此之外，陸游熟讀古代名家的作品，特別推崇屈原、李白、杜甫、岑參這幾位詩人。通過吸收他們的優點並在此之上進行屬於自己的文學創造。因此你才見到陸游筆下的詩歌大多古樸、優雅、雄渾奔放、明

快流暢，可以說得上是繼承了古典詩歌的傳統和特色。

三、七律為人推許

　　如果要講到陸游在文學上最大的成就，就一定要提到他的七言律詩。究竟陸游在七言律詩上的成就有多高呢？他的七律為歷代評論家一致推許，既豪宕警策，又有工緻的刻畫，被稱為「集大成」之作（舒位《瓶水齋詩話》）。

　　他的古詩也有獨到之處。清人趙翼說他「才氣豪健，議論開闢，意在筆先，力透紙背。有麗語而無險語，有豔詞而無淫詞。看似華藻，實則雅潔；看似奔放，實則謹嚴」（《甌北詩話》），因而在當時有「小太白」之稱（宋羅大經《鶴林玉露》）。清潘德輿、李慈銘則盛讚陸游的七絕，認為是「詩之正聲」（《養一齋詩話》），甚至推為「絕調」（《越縵堂詩話》）。

四、文筆風格貼近人心

　　在陸游的詩中，你不會有一種硬生生的距離感，反而會覺得既親切、且易懂。這是因為陸游在用語上簡練自然，接近口語，易於為人們所理解。趙翼說他的詩「清空一氣，明白如話」。劉照載進一步指出：「放翁詩明白如話，然淺中有深，平中有奇，故足令人咀味。」（《藝概》）。

　　作為一代才子，陸游可以使用華美的辭藻，為何獨愛這種風格？這就和他的核心理念有關。對於陸游來

說，歸根到底是想通過詩歌去振奮人心，激勵鬥志，鼓舞人們更堅決地反抗金人的侵略。如果寫出的作品根本難以讀懂，又如何達到這個目的呢？因此才選用明白曉暢，又深刻有力的文字風格，希望能夠更加容易地引起人們的共鳴。

陸游的詩在藝術風格和藝術技巧方面，無論是煉字煉句，用典對仗，都能做到自然精切。他那磅礴的氣勢，有如浩蕩長江，奔騰而下，一瀉千里，至今讀來，仍令人感到他那震撼心弦的力量。

軼聞：養貓成痴

南宋大文豪陸游是位貓奴，為詠貓寫了二十四首詩篇。

對於像他這樣喜好藏書的人來說，養貓之初是為根除鼠輩咬食書的禍害。放翁嘗言「吾室之內，俯仰四顧無非書者」，但書被咬得一片狼藉，恨意難消而作〈鼠敗書〉來控訴老鼠罪行。他吞忍鼠吃其飯和糧食，但竟還吃心愛的書，這危害可真比秦始皇的焚書啊，心想「向能畜一貓，狡穴詎弗獲」。如能養隻貓，定可把老鼠統統抓起來。

不過宋人養貓可和當今不一般，需如娶妻當下聘禮，「裹鹽迎得小狸奴」，狸奴即貓，用一包鹽或小魚乾作聘禮。貓果不失其願「盡護山房萬卷書」，不過，對貓的解憂立功，陸游卻慚愧起來，因為「家貧策勳

薄，寒無氈坐食無魚」、「魚饌雖薄真無愧」。

「汝計則善矣，我憂難具陳」。陸游於西元1210年冬，以八十六歲與世長辭，七十年後，南宋滅亡。

熱血喜貓，愛國深沉，大宋愛貓第一人──陸游也。

結語

此詩表現了詩人與眾不同的思維與精神，在逆境中往往蘊涵著無限的希望。詩人描述山水縈繞的迷路感覺與移步換形又見新景象的喜悅之情；人們可以從中領悟到蘊含的生活哲理──不論前路多麼難行難辨，只要堅定信念，勇於開拓，人生就能「絕處逢生」，出現一個充滿光明與希望的新境界。

一剪梅──雨打梨花深閉門──／唐寅〔明〕

> 紅滿苔階綠滿枝，杜宇聲聲，杜宇聲悲！交歡未久又分離，彩鳳孤飛，彩鳳孤棲。　別後相思是幾時？後會難知？後會難期？此情何以表相思？一首情詞，一首情詩。

> 雨打梨花深閉門，忘了青春，誤了青春。賞心樂事共誰論？花下銷魂，月下銷魂。愁聚眉峰盡日顰，千點啼痕，萬點啼痕。曉看天色暮看雲，行也思君，坐也思君。

詞文意思及賞析

　　苔階紅遍枝頭綠滿，杜宇在聲聲啼叫，它的聲音是那麼地悲傷！相逢不久便要再次離別，彩鳳孤獨地飛行著，它孤獨地棲息。離別後相思會到什麼時候？誰知道會不會再見？誰知道何時能再見？我的這般情意該如何向你表達？只能憑這一首情詞，一首情詩罷了。

　　雨水敲打著梨花禁閉門窗，忘記了青春，耽誤了青春。這賞心的樂事能夠向誰傾訴呢？只能在花下暗自傷神，在月光下暗自傷神罷了。愁緒凝滿眉頭不經意間展露出來，這是千點的啼痕，萬點的啼痕。早晨望著天空傍晚看著雲朵，走起來的時候想的是你，坐下來的時候想的還是你。

　　「紅滿苔階綠滿枝，杜宇聲聲，杜宇聲悲！交歡未久又分離，彩鳳孤飛，彩鳳孤棲」中的「杜宇」和「彩鳳」兩者都是，詩詞中常用的描繪悲傷哀怨的景象，唐伯虎在這裡用了一種循環往復、前後交叉的修辭手法，用時光的流轉循環，襯託了自己心中的那種苦悶哀怨，將心中的那種發人肺腑的深沉情感展現得淋漓盡致！

　　「別後相思是幾時？後會難知？後會難期？此情何以表相思？一首情詞，一首情詩。」唐伯虎在這裡用了反問的修辭手法，明知故問，更是渲染了這種相思的難以忘懷，令人不可自拔。這句詞的妙處在於詞句的清圓流轉，唐伯虎準確地把握住為相思折磨痴戀女子的幽婉

心態，那種失落感自然地溢於言表。

　　兩個人雖然有著空間的間隔，卻仍然無法忘卻彼此。在花間，在月下，整個記憶裡都是對方的身影，自己的青春年華也就在歲月的侵蝕下無聲無息地被殘酷地消耗，更添幾分悲傷在景中，把一個無時無刻都在思戀對方的少女形象躍然紙上，展現了唐伯虎高超的筆端手法，無愧於唐伯虎最經典的一首詞，其文筆為後人所折服。

　　唐寅的詩詞飄逸俊朗，有仙氣俠骨之感，又有天地之間的豁達之氣，書畫融匯南北，筆墨細秀，布局清晰明朗，擅長水墨寫意，花鳥魚蟲，豔麗清雅，體態優美。

　　唐伯虎在周星馳先生的電影作品中，是一位才華橫溢的江南才子，是一位風流倜儻，精於詩文，善於作畫的才子。我們在電影中看到了他光鮮亮麗的一面，可是，真正了解他的人才能明白他這一生的坎坷曲折。

　　年輕時候的唐伯虎確實是一位風流才子，經常和好友出入於煙花柳巷，醉身於歌姬之中，這應該是他一生中比較瀟灑自如的日子。

　　他出生於一個商人家庭，自幼聰明伶俐，可是在二十歲的時候，家中接連遭遇不幸，父母妻子妹妹相繼去世，家境也開始衰敗，不如以往的那麼光鮮亮麗。後來，他的好朋友祝枝山與他潛心交談，唐寅開始了讀書之路，因為他的機敏，在二十九歲的時候，就參加天府公試，獲得解元的稱號。

　　三十歲的時候進京考試，可是受到了考場作弊的牽連，被貶為民，後來，以賣畫為生。

他晚年生活並不如意，懷才不遇，鬱鬱寡歡，在五十四歲的時候就離開世間，他代表了那個時代的詩人才子，滿懷才識卻不被賞識。

唐寅的一首絕筆詩〈臨終詩〉就表露了一種複雜心情，這種複雜就是他既留戀人世間，可是卻又痛恨人世間。

> 生在陽間有散場，死歸地府也何妨。
> 陽間地府俱相似，只當漂流在異鄉。

從詩中，我們看到他那種豁達灑脫的心裡，又看到了他淡然超然的狀態，這樣的心境，真的令人佩服。可是他的一生不得志，他痛恨自己生不逢時，空有一身才華，無處施展，尤其是家人離去，仕途不順，晚年生活悽慘，鬱鬱寡歡，這樣淒涼的人生和地獄又有什麼區別。

作者生平及特色

唐寅（1470年—1524年），字伯虎，又字子畏，以字行，號六如居士、桃花庵主、逃禪仙吏、魯國唐生等，直隸蘇州府吳縣人，明代畫家、文學家。吳中四才子之一。在畫史上又與沈周、文徵明、仇英合稱「明四家」或「吳門四家」。

唐寅工詩善畫，年少與祝允明、文徵明、張靈為友，留下許多詩畫唱和之作。畫學沉周、周臣，對南宋

院體著意頗多，又廣泛吸收元代、明初文人畫傳統。祝允明〈唐子畏墓誌並銘〉謂之曰：「其奇趣時發，或寄於畫，下筆輒追唐宋名匠。」作品題材多元，山水、仕女人物、花卉竹石。筆墨秀潤清雅，刻劃細膩生動，構圖匠心獨運。書法取法元代趙孟頫，並上溯唐代李邕、顏真卿，以行書樹立個人面貌，然為畫名所掩，可惜傳世不多。

軼聞

相傳唐寅年少時拜沈周為師，跟沈周學畫。

時光匆匆，一晃就就學滿一年，唐寅志得意滿地覺得自己畫得不錯，越看是越滿意，心想，至少看起來和老師的畫相差不了多少，應該可以「出師」了，便想辭別老師，回家和家人團聚。

沈周聽了也沒說什麼，只照一般慣例，置辦酒菜為唐寅餞行。酒菜布置在一個平常不太有人出入的屋裡，唐寅進去後發現這屋子十分怪異，沒有窗戶，卻有四個門，透過木門的格子看出去，可以看到門外是一個頗為雅致的小花園，紅花綠柳、泉瀑山石，應有盡有。唐寅被眼前的景色吸引了，不自覺地就想走到門外看個究竟。不料一個門接一個門的連連碰壁，這才發現，原來那四扇門都是老師沈周的畫作。

唐寅猛然醒悟，方才知道自己的畫作和老師相比，差了十萬八千里。慚愧之心頓然湧現，當下就決定留下

來繼續學畫。

　　經過這一番體悟之後，唐寅格外虛心地向老師討教，努力學畫。三年後，他的畫作已趨成熟，沈周也覺得他畫得不錯，可以自立門戶了。

　　這時倒過來換唐寅置辦酒菜謝師，他也學老師的辦法，在前次的屋裡宴請老師，並畫了幾幅「窗」掛在牆上。當備好酒菜，請來老師，尚未就座，忽地竄進一隻貓，一跳就跳到宴席上去，唐寅急得一巴掌甩過去，那貓倏地往窗口逃，一個窗，兩個窗，一連跳了幾個窗子，全都撞壁回彈，撞得那貓連聲慘叫。

　　沈周看了十分高興，說道：「不錯，你學已成師，可以回家了。」

臨江仙──滾滾長江東逝水──／楊慎〔明〕

　　滾滾長江東逝水，浪花淘盡英雄。是非成敗轉頭空。青山依舊在，幾度夕陽紅。
　　白髮漁樵江渚上，慣看秋月春風。一壺濁酒喜相逢。古今多少事，都付笑談中。

詞文意思及賞析

　　滾滾長江向東流，多少英雄像翻飛的浪花般消逝。不管是與非，還是成與敗（古今英雄的功成名就），到現在都是一場空，都已經隨著歲月的流逝消逝了。當年

的青山（江山）依然存在，太陽依然日升日落。在江邊的白髮隱士，早已看慣了歲月的變化。和老友難得見了面，痛快地暢飲一杯酒。古往今來的多少事，都付諸於（人們的）談笑之中。

這是一首詠史詞，借敘述歷史興亡抒發人生感慨，豪放中有含蓄，高亢中有深沉。從全詞看，基調慷慨悲壯，意味無窮，令人讀來盪氣迴腸，不由得在心頭平添萬千感慨。

讓讀者感受蒼涼悲壯的同時，這首詞又營造出一種淡泊寧靜的氣氛，並且折射出高遠的意境和深邃的人生哲理。

楊慎試圖在歷史長河的奔騰與沉澱中探索永恆的價值，在成敗得失之間尋找深刻的人生哲理，有歷史興衰之感，更有人生沉浮之慨，體現出一種高潔的情操、曠達的胸懷。

你在品味這首詞的同時，仿佛感到那奔騰而去的不是滾滾長江之水，而是無情的歷史；仿佛傾聽到一聲歷史的嘆息，於是，在嘆息中尋找生命永恆的價值。

歷史固然是一面鏡子，倘若沒有豐富的甚至是痛苦的殘酷人生體驗，那面鏡子只是形同虛設，最多也只是熱鬧好看而已。

正因為楊慎的人生感受太多太深，他才能看穿世事，把這番人生哲理娓娓道來，令人產生心有戚戚焉的感覺。

既然「是非成敗」都如同過眼煙雲，就不必耿耿於懷、斤斤計較；不如寄情山水，托趣漁樵，與秋月春風

為伴，自在自得。

　　楊慎平生抱負未展，橫遭政治打擊。他看透了朝廷的腐敗，不願屈從、阿附權貴，寧肯終老邊荒而保持自己的節操。因此，他以與知己相逢為樂事，把歷代興亡作為談資笑料以助酒興，表現出鄙夷世俗、淡泊灑脫的情懷。無論過去，當下，還是以後，追逐名利似乎總是一些人的生存方式，然而名韁利鎖又往往令人痛苦不堪，難以自拔。

　　當然要建功立業，必須要展現英雄氣概，要在無情的流逝中追求永恆的價值。但是既要拿得起，進得去；還要放得下，跳得出。要想看清歷史發展的必然趨勢，看清自己在歷史中的位置和可能起到的作用，深度和遠見都必須在生活中不斷磨鍊。

　　浪奔浪流，萬里滔滔江水永不休，任憑江水淘盡世間事，化作滔滔一片潮流。歷史總要不斷地向前推進，不以人的意志為轉移。逝者如斯，誰也留不住時光的腳步。可是人們卻不甘就這樣順其自然，隨波逐流。青山不老，看盡炎涼世態；佐酒笑語，釋去心頭重負。任憑江水淘盡世間事，化作滔滔一片潮流，但總會在奔騰中沉澱下些許的永恆。與人生短暫虛幻相對的是，超然世外的曠達和自然宇宙的永恆存在。宇宙永恆，人生有限，江水不息，青山常在。

　　下片展現了一個白髮漁樵的形象，任它驚駭濤浪、是非成敗，他只著意於春風秋月，在握杯把酒的談笑間，固守一份寧靜與淡泊。而這位老者不是一般的漁

樵，而是通曉古今的高士，就更見他淡泊超脫的襟懷，
這正是作者所追求的理想人格。

作者生平及特色

　　楊慎（1488年—1559年），字用修，庵號升庵，別
號博南山人、滇南戍史，四川新都縣（今成都市新都區
馬家鎮升庵村）人，祖籍江西廬陵，明朝官員、作家。
為內閣首輔楊廷和之子，正德年間狀元，官至翰林院修
撰。大禮議事件中，因率領百官在左順門求世宗改變皇
考，而遭貶雲南，終老於戍地，一生未獲赦免。後追贈
光祿少卿，諡號文憲。

　　楊慎不僅是文學家，且兼長經學、史學、哲學、語
言學、音韻學、金石學、書法繪畫、戲曲音樂和民俗文
藝，對明代上、中、下三層文化的建設均有重要貢獻。
他的著述和見解，對改進整個明代的詩歌文學理論、推
動通俗文體的創造和鼓勵民眾口頭傳承的發展，都極富
啟發性。他的理想人格和人文精神，也在明代引起了相
當的震動，後世還得到李贄、錢謙益和陳寅恪等一批學
者的高度讚許。

　　楊慎與解縉、徐渭合稱「明朝三才子」。

六尺巷的故事／張英〔清〕

　　千里修書只為牆，讓他三尺又何妨？

萬里長城今猶在，不見當年秦始皇。

關於三尺巷的故事流傳了好幾個版本，其實，故事內容大同小異，其中最廣為流傳的一個故事如下：

清朝康熙時，安徽桐城有位名叫張英，是當時的宰相。鄰居吳氏欲侵佔他的宅邊地，家人馳書北京，要張英憑官威壓一壓吳氏氣焰。誰知張英卻回詩一首曰：「千里修書只為牆，讓他三尺又何妨。萬里長城今猶在，不見當年秦始皇。」書中的意思很明白，要家人退讓。

家人得詩，主動退讓三尺。吳氏聞之，受到感動也後撤三尺，三加三等於六，才成了「六尺巷」。巷口，中間陰文鐫刻著「三尺巷」的圖畫故事。

張英貴為宰相，一人之下，萬人之上，以當時的環境，如果要為家人出口氣應是輕而易舉的事，但是張英並未仗勢，反而選擇退讓，退一步路，海擴天空，真是「宰相肚子能撐船」，其胸襟令人佩服。

作者身平及特色

張英（1637年—1708年）為康熙六年（1667年）進士，選庶吉士，散館授編修。充日講起居注官，官至文華殿大學士兼禮部尚書。康熙十六年（1677年），入直南書房，史載：「每從帝行，一時制誥，多出其手。」曾充任《國史》、《一統志》、《淵鑑類函》、《政

治典訓》、《平定朔漠方略》總裁官。聖祖嘗語執政：
「張英始終敬慎，有古大臣風。」康熙四十年（1701
年），以衰病求罷，詔許致仕。書房自書對聯：「讀不
盡架上古書，卻要時時努力；做不盡世間好事，必須刻
刻存心。」

晚年隱居安徽桐城龍眠山。康熙四十四年（1705
年），康熙帝南巡，張英迎駕於江蘇淮安，帝賜御書榜
額，隨至江寧。康熙四十六年（1707年），康熙帝再度南
巡，張英迎駕於江蘇淮安清江浦，仍隨至江寧。卒諡文
端，雍正時贈太傅。著有《聰訓齋語》、《恆產瑣言》、
《文端集》等。墓誌由子張廷玉請大臣張鵬翮撰。

《父子宰相家訓》一書是張英與其子張廷玉撰寫的
家訓。

張英以宦官仕途、為人處世等方面的親身經歷和
切身體會，結合古聖時賢的言行事例，教導子孫如何持
家、治國、讀書、立身、做人及交友。

他用自己生活中所見、所聞、所思、所感的些微小
事，解讀深刻的人生哲理，言簡意賅，深入淺出。

張廷玉深受張英影響，結合自己的經歷寫出了《澄懷
園語》，內容豐富，主要包括修身、持家、節用、讀書、
擇友等諸多方面。《聰訓齋語》和《澄懷園語》自刊行以
來，影響巨大，被奉為修身齊家的典範，傳誦不息。

學會退讓

有時候適當退讓，不是軟弱，也並非消極，而是有利於問題解決的一種態度。學會退讓是一種智慧，懂得退讓，在捨的同時，得到的會更多，它比「輸」顯得更加優雅，比「贏」顯得更有氣度，這應該是面對人生的正確態度。

人與人最重要的區別，從來不是物質上的貧富，而是內在的精神素質將人分出了偉大和渺小、優秀和平庸。讓步是尊重，更是涵養，懂得為親人讓步，為朋友讓步，為所愛的人讓步，這是我們可能做到的。但如果能為素昧平生的人讓步，則是一種胸襟與氣度，更是一種為人的境界與風範。當你還堅信吃虧就是豬頭時，人家卻把吃虧當成一種風度；當你把占便宜當成人生第一要義的時候，人家卻在為素昧平生的人而讓步。

獄中題壁／譚嗣同〔清〕

> 望門投止思張儉，忍死須臾待杜根；
> 我自橫刀向天笑，去留肝膽兩崑崙。

這首詩巧於用典，寄意深永。短短二十八字，連用兩個典故，其學力之深富、史籍之純熟，可見一斑。尤其是，這兩個典故用於此情此景，確當精切，二箭而三

雕：一是剖露了對出亡諸君的深心祈禱，傳達了對身處逆境中同道者的諄諄叮囑；二是表明對未來的堅定信念和殷切希望，相信變法者會有出頭之日；三是直接影射著慈禧專權的畸形政治，暗含著對其殘暴行徑的憤慨與蔑視。

賞析

一般認為「兩崑崙」是指逃走未去赴死的康有為和梁啟超，兩句詩的意思是：我自慷慨赴死，無所畏懼，也無所遺憾，因為留下了「兩崑崙」（康梁）可以繼續未竟之事業。

知名記者張作錦在所著的《今文觀止》試從故紙看今朝，提及譚嗣同的詩文著作不少，最著名的是《仁學》這部書，是一部融合儒、釋、道、墨等各家學術的哲學典籍。他認為世界的的本體是「仁」，世界的存在和發展都是由「仁」的作用，故稱他的哲學為「仁學」。

儒家的五常：仁義禮智信，所謂：「惻隱之心，仁之端也。」在《易經》的五行，木主仁，其性直，其情和，其味酸，其色青，木盛的人長得豐姿秀麗，骨骼修長，手足細膩，口尖發美，面色青白，為人有博愛惻隱之心，慈祥愷悌，清高慷慨，此應該是譚嗣同與生俱來的人格特質吧！

中國近代思想家大多從佛學吸收養分來充實自己的

人生和思想，譚嗣同亦不例外。譚嗣同自從接觸佛學思想後，便開始了佛化人生的歷程。他不但在個人生活上富有佛學情趣，更以佛菩薩「我不入地獄，誰入地獄」的普度眾生的精神來從事維新運動，並建構出了一個儒佛融合，用以指導維新運動的仁學思想體系。最後，譚嗣同為維新運動而獻身所表現出來的不怕死，亦是佛教的「無我執、空生死」涅槃境界的體現。

作者生平及特色

譚嗣同（1865年—1898年），字復生，又名佛生，自號壯飛，署名華相眾生，湖南瀏陽人。出身於傳統官宦世家，父親譚繼洵是進士，曾經任官京師、北通州、甘肅、湖北等地。十二歲時，北京發生大瘟疫，他的母親及堂兄嗣貽、仲姐嗣淑，先後五天死於瘟疫，自己也昏迷三日，死而復生，因此，父親為他取名「復生」。

譚嗣同資質聰穎，五歲啟蒙，十歲隨歐陽中鵠學習自然科學，也研讀《易經》、《禮記》等中國傳統思想。十二歲時已博覽群書，詩詞造詣頗深，逐漸顯露其文學稟賦。此外，自小喜好技藝，結交不少江湖好漢，曾師刀法精湛的江湖俠盜「大刀王五」王正誼，勤習劍術刀藝，薰習出俠義精神，因而造就他日後一派「俠客」作風。

由於目睹清朝的腐敗，譚嗣同是位真正的革命派，在戊戌變法維新運動中，表現得最為積極，可惜變法失敗。

譚嗣同是清末百日維新人物，維新四公子及戊戌六君子之一。

在譚嗣同身陷獄中，面臨酷刑和死亡時的自白，面對死亡，詩人大徹大悟生命的真義，為自由和光明，他寧願赴死，而他堅信「他的靈魂」將同崑崙山一樣，屹立不倒，激勵著無數中國人為著推翻封建主義，迎來民主自由而奮鬥。

譚嗣同非為一人之江山，而是為終結中華民族上下五千年來治亂循環的悲劇，為天下蒼生求得一個自由、平等，「我不入地獄，誰入地獄」、「雖千萬人，我往矣」；「我自橫刀向天笑」：譚嗣同氣吞萬里如虎的豪邁，實為華夏第一人傑，這顆划過暗黑夜空的流星，留下一道異常耀眼的軌跡，引導、激勵著一個又一個為中華民族的前途命運而奮鬥不息的熱血兒郎。

星雲大師全集中〈點燃晚清法燈的譚嗣同〉，說明晚清之際，中國近代文化思想面臨中西文化、傳統與現代的衝擊，在此急遽變遷的轉型過程中，譚嗣同是極重要的啟蒙思想家，也是當時篤信佛法、暢演大乘佛教的學者。一生雖僅短短三十四載，活躍於中國政治舞台也不過三、四年時間，但是他的乍現，猶如黑黢蒼穹迸裂的煙花，短暫而璀璨，在瞬息閃逝的生命中，留下了感人的身世、光彩的事蹟和深遠的影響。

學界對譚嗣同一生的評價，咸認為他「少年多苦，任俠成性」，其精神氣魄允為當世人所景仰。

| 中華傳統智慧的生活美學 |

第三章

對聯妙語篇

前言

在古代，由於科舉制度的盛行，讀書是底層人民擺脫階層最直接的機會，所以古人都非常嚮往讀書，求取功名，所謂：「十年寒窗無人知，一舉成名天下知。」

當時，讀書是一件非常高雅的事情，也受人尊敬。既然高雅，自然就會與普通人有所區分，就連娛樂活動都會帶有一些文化性質。讀書人之間通常會以飲酒賦詩為最常見的娛樂方式。

到了宋朝之後，讀書人之間逐漸興起了一種新的娛樂方式——對聯。

對聯活動的興起

對聯的最初形式源自先秦時期人們懸掛桃符的習俗。先秦時期的人們出於趨吉避凶的美好願望，將古代神明的名字掛在房門的左右，這種習俗傳承了一千多年，到五代時期才發生變化。

根據《宋史・蜀世家》記載，五代時期後蜀孟昶要

求每年的除夕由讀書人為新年寫下賀詞，與桃符一樣貼在門的兩側，因而形成春聯的習俗。

到了明代時期，由於社會生產力的提高，人們開始用紅紙代替原有的桃符。值得一提的是，明朝皇帝朱元璋就曾規定，無論官員或是百姓，都要在春節時張貼對聯。

因為明朝對對聯的大力推行，在讀書人之間也開始以題對聯作為娛樂活動，互相以對聯為題成為明朝讀書人之間的一種時尚。此發展趨勢，對聯的形式也在逐漸演變，其中包括：迴文聯、諧音聯、拆字聯等等，極大增強對聯的娛樂性。

在這些娛樂性的對聯之外，還演化出一種隱喻聯，其內容以諷刺和暗喻某些事物為主，帶有一些個人感情色彩，又不乏一些讀書人賣弄學問，但偶爾也會鬧出笑話。

有的人認為對聯十分容易，甚至可以說有套路可循，比如上聯有個「天」，下聯就對「地」，上聯有「男」，下聯就對「女」，「短木」對「長舟」，「春花」對「秋月」。這樣來看，對聯的確簡單，而且只要背誦字詞之間的對應關係，可以說是無師自通，可是果真如此嗎？

想要對好對聯，如果只在意對仗是否工整，平仄是否協調，而忽略了對聯的意境和立意，就有一種「買櫝還珠」的感覺。一副好對聯，絕不是僅僅停留在這些標準的語言對仗上，而更多的是能讓讀者感受到文化的魅力。換句話說，一副對聯意境是否深遠，能否讓人讀後產生共鳴，這才是對聯的精髓所在。如果只在乎字數是

否對等，平仄能否對仗，這只是初級階段而已。

隨著歷史文化的演進，經典的對聯不勝枚舉，唐宋兩代，對聯文化快速的發展，到了明清時期，對聯文化蔚為大觀。古人用對聯表達自己的情感，諷喻地主劣紳，也有的以對聯徵婚招親，更有官員用對聯選拔人才，可以說對聯已經融入到我們的生活，成為不可分割的一部分。

對對聯當時是一種時尚，下到7歲的頑皮小孩，上到80歲的老爺爺，對對聯那是張口就來。在古代不會對對聯，跟現在不會用line、臉書或IG等軟體一樣，交不上朋友的。

現今，對聯文化被完整地保留下來，作為起源於中國的一種特殊文化，我們應該繼續將其發揚光大，彰顯中華傳統文化獨有的特色及底蘊。

諸葛亮與周瑜的對聯

在赤壁大戰之前，諸葛亮前去東吳商量抗曹大計，周瑜此時有一個想法，認為諸葛亮足智多謀，既然不能為東吳所用，不如就此除掉，以絕後患。

在酒宴上，酒酣耳熱之際，周瑜提出一個建議：「孔明先生，不如我們對詩吧，贏了有賞，輸的受罰？」諸葛亮故意說：「好啊，誰輸了砍頭。」

周瑜心中大喜，急忙說：「君無戲言。」周瑜當然知道，論文學，諸葛亮遠不如自己。諸葛亮說：「那是

自然。」於是，兩人擊掌為誓。

　　一旁的魯肅坐不住了，埋怨諸葛亮，這麼輕易就中了人家的圈套，真是聰明一世，糊塗一時啊。

　　諸葛亮卻假裝不明就裡，鎮靜自若，還拉著魯肅的手，讓其也一起參與。

　　周瑜眼見諸葛亮進入圈套，心中大喜，急忙出詩一首：「有水也是溪，無水也是奚。去掉溪邊水，加鳥便是雞，得志貓兒雄過虎，落毛鳳凰不如雞。」

　　諸葛亮聽了，覺得今日自己落入周瑜之手，不正像「雞」嘛，於是對曰：「有木也是棋，無木也是其。去掉棋邊木，加欠便是欺。龍游淺水遭蝦戲，虎落平陽被犬欺。」

　　周瑜一聽諸葛亮竟罵自己是狗，剛想發作，一旁的魯肅急忙來緩解：「有水也是湘，無水也是相。去掉湘邊水，加雨便是霜。各人自掃門前雪，莫管他人瓦上霜。」

　　周瑜未占上風，當然不罷休，繼續吟詩一首：「有木也是杻，無木也是丑。去掉杻邊木，加女便是妞。隆中女子生得丑，百里難挑一個妞。」

　　諸葛亮知道周瑜竟然諷刺自己的老婆，也不甘示弱，隨即吟道：「有木也是橋，無木也是喬。去掉橋邊木，加女便是嬌。江東美女數二喬，難護銅雀不鎖嬌。」

　　周瑜頓時火冒三丈，不但沒贏諸葛亮，拿其腦袋，反而還被其羞辱一番，暴跳如雷。

諸葛亮並不驚慌，面不改色。魯肅急忙上前勸解：「有木也是槽，無木也是曹。去掉槽邊木，加米便是糟。今日這事在破曹，龍虎相殘大事糟。」

經過魯肅指點，周瑜清醒了不少，認識到此時不是置氣的時候，於是斥退了手下的埋伏，與諸葛亮商議破曹妙計，這便有了之後的火燒赤壁。

熟知三國歷史的人知道，東吳都督周瑜為江東俊才，但是見識到諸葛亮大才之後，心生嫉妒不服氣，總想找個機會讓諸葛亮出醜。

周瑜聽到諸葛亮的下聯之後勃然大怒，但是心中還是暗自佩服諸葛亮高自己一籌。

周瑜是三國時代文武雙全的才子，廿四歲就當上中郎將，幾年後又當上大都督。此外，他外型英俊，文彩不凡又精於音樂，當時就流傳一句「曲有誤，周郎顧」的說法。然而，在諸葛亮更加出眾的情況下，即便周瑜擁有這麼多才華，後人卻屢屢稱讚並記得諸葛亮的智慧過人，因而就誕生了「既生瑜，何生亮」，這段話更成了周瑜的「遺言」。

或許換個角度，試想「既生瑜，何生亮」，那麼下一句如何對上？其實下一句也可以是「君未歸，孤何安」。如此一來就被解釋成他不是在忌妒諸葛亮，而是「深深欽佩諸葛亮的能力」，充分體現了周瑜的博大胸襟和智謀。

周瑜有如此氣度，再加上能力，即便智慧鋒芒幾乎都集中在諸葛亮身上，但三國故事的人物都對他給予很

高的評價，原始的《三國志》曾記載，孫權就誇讚他是「無人能繼的江東人物」。

王羲之的妙書春聯

東晉著名書法家王羲之，有趣的一個故典：福無雙至（今朝至）；禍不單行（昨夜行）：

福無雙至今朝至
禍不單行昨夜行

東晉書法家王羲之有一年從山東老家移居到浙江紹興，此時正值年終歲尾，於是王羲之書寫了一副春聯，讓家人貼在大門兩側。對聯是：「春風春雨春色，新年新歲新景。」

不料因為王羲之的書法聲名遠播，為時人所景仰，此聯剛一貼出，即被人趁夜偷走。家人告訴王羲之後，王羲之也不生氣，又提筆寫了一副，讓家人再貼出去，這副寫的是：「鶯啼北星，燕語南郊。」

誰知天明一看，又被人偷走了。

可這天已是除夕，第二天就是大年初一，眼看左鄰右舍家家戶戶門前都貴上了春聯，惟獨自己家門前空空落落，急得王夫人直催丈夫想個辦法。王羲之想了想，微微一笑，又提筆寫了一副，寫完後，讓家人先將對聯剪去一截，把上半截先張貼於門上：「福無雙至，禍不

單行」。

　　夜間果然又有人來偷竊。可在月色下一看，見這副對聯寫得太不吉利。儘管王羲之是書法名家，可也不能將這副充滿凶險預言的對聯取走張貼啊。

　　前來偷竊的人只好嘆口氣，又趁夜色溜走了。初一早晨天剛亮，王羲之即親自出門將昨天剪下的下半截分別貼好，此時已有不少人圍觀，大家一看，對聯變成了「福無雙至今朝至，禍不單行昨夜行」。眾人看了，齊聲喝彩，拍掌稱妙。

　　妙在福至禍去，寓意喜慶卻對仗工整，不愧是妙書春聯。

　　王羲之（303年─361年），字逸少，原籍琅邪郡臨沂（今屬山東），官拜右軍將軍，人稱王右軍，為王導之姪，是東晉時期的書法家，人稱書聖，其書法師承衛夫人、鍾繇，又因其王氏家族屬於正一道世家，故其亦曾受錄為正一道士，頗受正一符籙影響。可惜王羲之的書法真跡皆已失傳，其作品〈蘭亭集序〉等帖，皆為後人臨摹。王羲之自小求知慾很強，善於思考。七歲跟女書法家衛鑠（衛夫人）學習書法。

　　此外，尤值得一提的是〈蘭亭集序〉為王羲之為《蘭亭詩》寫的序言，共計三百廿四字。〈蘭亭集序〉歷來被認為是書法經典傑作，有「行書第一」之稱，也是我們學習書法者臨摹的重要書帖之一。另，王羲之以特選的鼠鬚筆和蠶繭紙書寫。文章前半段敘事寫景、描述聚會盛況、抒發人生感想；後半段則議論抒情，在靜

與躁的對比中，感慨人生苦短，世事無常，生與死一念間，轉瞬即逝，企望長生之意。由於王羲之當時處於酒酣耳熱、性情奔放之際，該序言通篇語言流暢，不勉強藻飾、通俗自然，駢散結合，靈活自如，堪稱歷代散文名篇。〈蘭亭集序〉中雖有多字重複，但重複字卻各有氣韻，彼此不雷同，顯示其書法深厚的功力。後來，「蘭亭」成了書法家匯集之地。

由於本章主要是談論對聯，因此，〈蘭亭集序〉的原文就不在此列出，你若有興趣可上網一查。

「坐，請坐，請上座」的下聯……

對聯是一種源遠流長，雅俗共賞的應用文體，在我們的習俗中，每當是逢年過節或者是婚嫁喜慶之時，都有貼對聯的習俗，人們會將對生活的美好期盼，或者是對吉祥福氣的祈求都用寫對聯的方式表達出來，當然對聯不只是用在喜慶慶祝的時候，古代的時候，文人常常會用對對聯的方式來相互切磋。千古絕對！上聯「坐，請坐，請上座」，下聯更是經典。

蘇東坡就很喜歡對對聯，蘇東坡是宋代的著名文學家，所以他的才學定然是不低的。蘇東坡一生喜歡遊覽名山古蹟，所以有一次，就獨自來到了一座廟門前，觀賞了一會兒後，蘇東坡就想拜見一下廟裡的方丈，廟裡的方丈不認識蘇東坡，對他當然也就平平淡淡的，說了句「坐」，然後又對小和尚說了句「茶」，讓小和尚去給蘇

東坡奉茶，蘇東坡坐下後，與方丈相談甚歡。

　　二人聊了一會兒，方丈感覺蘇東坡是個十分有才的人，於是想和蘇東坡再聊一會兒，方丈就把蘇東坡請到了屋裡，這次方丈對待蘇東坡的態度就變了，客氣的對蘇東坡說道：「請坐」，並且招呼小和尚說：「敬茶」。方丈和蘇東坡真是一見如故，越談越投機，當方丈知道了此人就是蘇東坡以後，對蘇東坡的態度更是一百八十度的大轉彎。

　　原來自己面前的就是鼎鼎大名的蘇學士，於是這次方丈把蘇東坡請到了方丈室，並且用自己的袖子擦了擦太師椅上的塵土，說道：「請上座」，吩咐小和尚，「敬香茶」。二人又聊了一會兒，蘇東坡要告辭了，方丈一再的挽留他，希望蘇東坡能留下墨寶，為廟門增輝，蘇東坡想了想，提筆寫下了一副對聯：

　　坐，請坐，請上座；
　　茶，敬茶，敬香茶。

　　方丈看到蘇東坡的對聯後面帶愧色，連連道歉，並一直將蘇學士送到山下才分手，二人也算是不打不相識，後來成了好朋友。蘇東坡的對聯正是準確的描述了從他剛開始進來，直到最後要告辭的時候，方丈態度的三次轉變，分別用了「坐」、「請坐」、「請上座」，蘇東坡也是善於觀察生活，看到了方丈的三次轉變，然後把它創作成了對聯。

「坐」對「茶」、「請坐」對「敬茶」，最後是「請上座」對「敬香茶」，短短的兩句話，寥寥幾個字，竟能如此準確的描述出一件事情來，蘇東坡不愧是唐宋八大家之一，其才學不是一般人所能比的。其實大多的創作者都是善於觀察生活，發現生活的，藝術源於生活，對聯也是一樣。

所以說，對聯看似簡單，其實並不容易，尤其是給出上聯對下聯更是難上加難的，因為對對聯綜合考慮的因素很多，不是簡單的字面上對得上即可。其實從古至今，古人留下很多的上聯，至今無人能夠對出下聯，我們也許可以嘗試，和古人切磋切磋，試著對一對那些沒有下聯的上聯，增加一點生活的情趣。

上聯：一人一碗一口鍋

宋代有位才女，因為丈夫赴沙場一去不回，她年紀輕輕便成了寡婦。當時她的日子過得清苦，可謂家徒四壁，於是寫出了「一人一碗一口鍋」的上聯，寫出了她生活的真實寫照，首先它疊用了三個「一」字，寫出了自己的淒涼之境；其次，人、碗、鍋，寫的就是自己當下的狀態。

這位守寡的才女將上聯貼在大門上，很多人都注意到了，包括一位路過的才子，並對出了這樣一個下聯：「單被單床單身人」，這個下聯當真是精妙絕倫。這才子應該是個單身漢，所以才會有這麼深的體會。他疊用

了三個「單」字，也寫出了自己的生活狀態。

很快有人就把這幅對聯的下聯交給了這位寡婦，寡婦一看對聯瞬間就明白了秀才的意思，他們兩個的對聯上下聯單獨看，都是行單影隻的落寞情狀，但是兩個人合在一起不就是雙數了嗎？其實寡婦也明白，秀才所表達的是成雙成對的意思。

就這樣，因為這個對聯，這位小寡婦對這個秀才產生了興趣，在旁人的撮合之下，一來二去，兩個人也越來越熟悉，並且雙方對於彼此都非常滿意。就這樣，兩個落單的對聯成就了一段美好的姻緣。

現代人應重拾對聯的雅趣，以保存中華文化對聯的特質，同時亦可增加生活上的樂趣。

寫盡世態炎涼的呂蒙正

「窮在鬧市無人問，富在深山有遠親」，世人嫌貧愛富自古亦然，北宋名臣呂蒙正為此也曾寫過兩副對聯，寫盡世態炎涼，讀來令人心酸！

呂蒙正，字聖功，河南洛陽人，曾仕於宋太宗、真宗兩朝，先後三次出任宰相，被封為許國公，授予太子太師，可以說富貴無比，權勢顯赫；然而，呂蒙正少年時卻非常貧窮落魄。

呂蒙正本是官宦人家，他的父親呂龜圖曾任後周起居郎，然而父親卻聽信小老婆讒言，把呂蒙正和他的母親趕出了府門。母子二人無親可投，流落到伊河北岸，

在一座破窯洞裡落腳。

　　某年除夕，呂蒙正家裡空無一物，向鄰居、親朋求借，但人們都不肯接濟他。聽著窗外傳來陣陣鞭炮聲，呂蒙正悲傷之餘，寫了一副怪聯：二三四五；六七八九。橫批：南北。

　　對聯剛一貼出，窮朋友們一個個都來觀看，先是莫名其妙，待到領悟過來，不由得拍手稱讚。原來此聯的寓意是：缺衣（一）少食（十），沒有「東西」。

　　呂蒙正這副對聯構思奇妙，寫出了他的淒涼生活，充分表達了對社會現實的不滿和諷刺，短短一副對聯，訴盡了世態炎涼。

　　呂蒙正雖然處境艱難，但他人窮志不窮。白天，他上山打柴去賣；夜晚，他在燈下苦苦攻讀。歷經十載，毫不間斷，果然學業告成，太平興國二年進京應試，高中丁丑科狀元。

　　呂蒙正中了狀元後，先被授作監丞，後任昇州通判。那些有錢的親戚鄰居，見呂蒙正發達了，紛紛攜帶財禮，前來賀喜巴結。

　　呂蒙正百感交集，便說道：「眾鄉親請先在堂屋就席，然後往我書齋一觀。」酒足飯飽之後，他們陸續來到呂蒙正的書房。

　　呂蒙正對他們說：「晚生草就一聯，現呈請諸位一閱。」只見紙上寫著：

　　　舊歲饑荒，柴米無依靠，走出十字街頭，賒不

得，借不得，許多內親外戚袖手旁觀，無人雪中送炭；今科僥倖，吃穿有指望，奪取五經魁首，姓亦揚，名亦揚，不論張三李四登門慶賀，盡來錦上添花。

來客們看罷，羞得無地自容，一個個灰溜溜地走開了。

呂蒙正做官後，就把父親迎進了家門，讓父母住在一起，並且侍奉得十分周到，沒有因當年被趕出家門而嫌棄。

呂蒙正為官清廉，對上敢於直言，對下則寬容有雅度，知人善任。

呂蒙正剛被任命為副宰相時，第一天上任就遭遇他人潑冷水。他走在大殿上，突然聽見有人說：「這小子也當上了參知政事呀？」呂蒙正裝作沒有聽見，轉身離開了。

呂蒙正的下屬要追查此人是誰，他卻不讓追查。下朝以後，下屬後悔當時沒有逮住那人。呂蒙正則說：「如果知道了他的姓名，就會終生不能忘記，還不如不知道為好。」

呂蒙正還向朝廷推薦了經常說他壞話的老同學溫仲舒等人。宋太宗趙匡義曾說：「呂蒙正的氣量，我不如啊！」（《宋史》：蒙正氣量，我不如。）

呂蒙正享年六十八歲，死後被追贈為中書令，諡號為文穆。

上聯下聯一字不改

對聯作為中華民族歷史的文化瑰寶，自古至今深受各個階層文人的喜愛。因為對聯而引發趣事也是數不勝數，曾經就有一副對聯堪稱「千古絕對」。

歷史上最懶的對聯，上下聯一摸一樣，一字不差。

這幅對聯出自明朝著名的畫家徐渭，別名徐文長，徐文長自幼就在書法、繪畫、軍事、政治方面有著極深的造詣，是當時當之無愧的全才。而在徐文長晚年的時候，為了教育自己的後代，他寫下一副對聯，被後人稱為最懶的對聯。

廿歲這一年，徐渭考中秀才，這並不意外，意外的是這竟然成了徐渭考試生涯中的巔峰，接下來廿多年，徐渭後來連續考了八次舉人，但全部落榜。

或許是有感而發，徐渭寫下了一副對聯「好讀書不好讀書，好讀書不好讀書」。

上聯的兩個好分別是三聲和四聲，下聯的兩個好分別是四聲和三聲。徐渭想表達的意思很簡單，可以用另一句名言來解釋「少壯不努力，老大徒傷悲」。年紀輕輕時，是最適合讀書的時候，因為記性好，精力足，然而卻不喜歡讀書，待到年紀大了，經歷了社會的歷練後，才知道天高地厚，此時喜歡讀書，卻又因為記性變差，精力不足而變成了學習困難。

徐渭（1521年—1593年），字文長，號青藤老人、

青藤道士、天池生、天池山人、天池漁隱、金壘、金回山人、山陰布衣、白鷳山人、鵝鼻山儂、田丹水、田水月，浙江山陰縣（今屬浙江紹興市）人，明朝文學家、書畫家、軍事家。

徐渭、解縉、楊慎被稱為明朝三大才子。論綜合實力，徐渭應該排在第一名。

徐渭特長很多，他自稱：「吾書第一、詩第二、文第三、畫第四。」可謂：多才多藝！

上聯：野花不種年年有

明朝時期，郡王府有一位姑娘叫芷若。郡王府是非常注重對女子的琴棋書畫教育，姑娘是找來陪著郡主讀書的，自幼跟在郡主身邊耳濡目染，腦袋裡有了知識充盈，學到了不少學問。

本來這位姑娘過得還算是快樂，吃穿不缺，還能順便學到一些文化。但好景不長，後來這郡王府遭到了滅頂之災，府中所有的男子都慘遭殺害，府中的女子們遭到流落，後來姑娘找了一個男子就嫁人了！要說這女子的命也不太好，男人在外打仗死了，這又成了一位寡婦！

寡婦門前是非多，這話說得真沒錯，沒有父母也沒有親戚，成了寡婦的她，也總是被村裡的光棍們惦記，雖然寡婦沒有了丈夫，但是她還算得上是一位離奇女子，長得清秀，進了青樓！

雖然說青樓這地方的女子都是苦命的，但是寡婦卻

沒有想離開，因為她憑藉著自己的才華，成為了一名藝伎，躲過了那些苟且營生！日子過得也算是有滋有味，舒服安逸。

她也從來沒有想過為自己贖身，或許是還沒有遇到心上人！

有一天，這青樓來了位風度翩翩的公子，剛剛考取了秀才，這位公子看上了芷若，但是芷若卻沒有心動。秀才相當鍾情，幾乎是天天來找她，她心中也動搖了，但不知道這位公子對自己是真情還是假意！

她從未想過自己會走出青樓，並與自己鍾情的男子長相廝守，身世坎坷的她不相信秀才的忠心，而只是將他認為與其他名門公子哥一樣，一時圖個新鮮罷了。

芷若倒是想到了一個辦法來試探公子的真心，想到用對聯的方式，如果他能對上來，就跟他走！

這時，她說出了一則上聯：「野花不種年年有」，並承諾只要秀才對出讓她滿意的下聯，便答應他的要求。

其實這個上聯在人看來表面意思就是，奉勸秀才另擇佳人。他知道，芷若的意思是想告訴他，天下女子眾多，而像她這樣的姑娘更是多見，不想讓自己把時間浪費在她身上。

這名秀才思考片刻後，深情脈脈地答出了下聯：「郎君未歸夜夜思」。

芷若聽後，立馬害羞得紅了臉，秀才通過下聯巧妙的表達了自己的愛意，看到他情深至此，便答應了秀才。

姑娘在聽到這樣的一句話時，心中恐怕不僅僅是對

秀才的才學佩服，對於秀才的用心也是相當感動。秀才也終於抱得美人歸，後來他們結婚生子，過著幸福美滿的生活。

後來，這句話也成為了一句俗語：

野花不種年年有，
郎君未歸夜夜思。

表達男女之間讓人感動的情感。

賣弄學問被諷刺

明朝萬曆年間，杭州地區有一名秀才，其文才並不出眾，但總愛賣弄學問，經常會找一些普通百姓以對聯出題。

如果對不出來他就會自己對出下聯，然後諷刺對方一番，以顯示自己有學問。

此外，這名秀才不僅喜好賣弄學問，還經常占小便宜，遇到自己喜歡的就以出對聯刁難以此來占便宜，所以在當地的口碑極差。可是，當時讀書人的地位較高，大家也不願與他計較，平常也都避而遠之。然而，大家的厭煩卻沒給秀才的生活帶來任何不悅，他依舊喜歡四處閒逛。

一日，這名秀才在閒逛時看到一位美豔的寡婦帶著兒子在田間幹活。他見寡婦生得美麗便動起歪心思，想

要戲弄對方占點便宜。

秀才以讀書人的身分上前向寡婦打招呼，但秀才的惡名遠近聞名，這寡婦自然認得他，知道他的為人便不想理他，只是裝作看不見，繼續幹農活。

秀才見自己被無視，非常的不高興，決定在寡婦面前展示一下自己的才華，並且對寡婦提出了要求。

秀才與寡婦立下賭約，秀才以對聯為題，如果寡婦能對得上，秀才就免費為寡婦家幹一個月農活，如果寡婦對不上，就要讓秀才一親芳澤。

這寡婦聽聞秀才如此無禮，便想給他一些教訓。雖然秀才是讀書人，但學識淺薄，稍有學問之人都能勝過他。於是，寡婦爽快地答應了。這令秀才非常高興，似乎已經占到便宜一般興奮。

興奮之餘，秀才開始思考對聯的上聯，他的想法很簡單，既要顯示出自己的學問，還要令寡婦羞愧。

一番思考之下，秀才出了上聯「大牛小牛，天下野牛崽守蠢牛」。這是一則隱喻聯，但秀才文才實在有限，如此直白的對聯已經不是隱喻，而是侮辱，直白地在罵寡婦的兒子是牛。

寡婦聽聞對聯一時心中大怒，她本想只是教訓一下秀才讓他知難而退，沒想到這秀才竟出言侮辱。寡婦決定以其人之道還治其人之身，也要羞辱秀才一番，略經思索對出下聯「新書舊書，世上酸秀才讀死書」，暗諷秀才是酸秀才。

這下聯對仗工整，同樣也是隱喻聯，對得秀才啞

口無言，臉色難看至極。死纏爛打，終成笑柄。秀才敗下陣來，可又不想就這樣履行賭約，於是他決定再來一聯，以挽回些顏面。

秀才以遠處的橋為題，出了上聯「有木也是橋，無木也是喬，減去橋邊木，加女變成嬌，嬌嬌橋上過，乾哥實愛嬌」。

這一聯能看出秀才認真了，有了題目，還增加了難度。

可是，奈何這秀才文才實在有限，這上聯依然粗俗不堪，難登大雅。

寡婦見這秀才輸了不承認，還大言不慚地再次出題，實在是丟盡了讀書人的臉面，而且他出這一聯的目的是要挽回面子，倘若秀才贏了，一定會對她提出無理的要求。

想及此處，寡婦決定不給秀才機會，他根據上聯的特點對出了下聯「有米也是粮，無米也是良，舍掉粮邊米，加女既是娘，娘娘橋上過，親兒莫想娘」。

寡婦以對聯將秀才比作兒子，自己比作娘，警告秀才做人要恪守倫理綱常，不要有非分之想。

秀才聽聞下聯，也明白其中的意思，當即羞愧難當，最後只能信守承諾，幫助寡婦家幹了一個月的農活。

一個農村的寡婦能如此自如地應對秀才的對聯，說明在明朝時對聯的文化已經深入民間。

上聯：年難過，年年難過，年年過

　　明朝的時候，在南方地區的一個普通小村莊裡，生活著一對十分恩愛的小夫妻，婚後二人的日子過得是十分的甜蜜，妻子後來還給他們家生下了一個白白胖胖的孩子。

　　一家三口的日子雖然過得非常平淡普通，但夫妻二人真情實意地結合，讓一家人的生活過得十分愜意。

　　平日裡，妻子在家織布做飯伴著炊煙做些家務活，丈夫就早出晚歸地在田間低頭勞作著，三口之家的小日子過得和樂又美好。

　　可是這種平凡中的小寧靜，卻被一次官員的徵兵給打破了。一日，只見一行官爺們衝進了他們生活的小村子裡，就開始挨家挨戶地抓壯丁，當然到了小夫妻這一家的時候，丈夫就被官兵們立刻抓去當兵了。

　　丈夫甚至來不及跟妻兒好好道個別，就這樣一家三口就成為了天各一方的存在。丈夫一走，家裡全部的生活重擔就落到了妻子一人的肩頭上，挑水砍柴做飯、做農活，還要照顧家裡年幼的孩子。

　　孤零零的妻兒兩人就這樣在家裡過起了苦等丈夫的日子，每天村口要是有一點動靜，妻子都會趕緊去看看是不是丈夫回來了，但每次都失望而歸。

　　時間一天天的過去，丈夫已經被抓去當兵好幾年了，但從來沒有傳回過任何音訊，這讓對他日思夜想的

妻子內心苦痛萬分。

有一天，村裡的鄰居哭喊著跑來告訴這家妻子，她的丈夫不幸在戰場上戰死了。聽到噩耗的妻子一時竟受不了希望破滅，以淚洗面地難受了好多天。

但是她還有兒子要撫養，往後的日子也還要過下去，只能硬著頭皮撐下去。但以前的日子也本就勉強夠溫飽，如今家裡喪失了依靠，自己成了寡婦，眼看著日子是一天更比一天清貧了，這寡婦真是將所有的苦水都往肚子裡吞。

在古代人眼裡，失去丈夫成為寡婦是尤其被人看不起的。尤其是年關將至，眼看著村裡其他的人家都是一家幾口團團圓圓地過年，還張貼著紅紅火火的春聯。

再看看自己家裡馬上都要揭不開鍋的鍋爐，寡婦抱著孩子又開始默默哭泣，望著眼前家境的窮困，她不由地脫口而出了一句：「年難過，年年難過，年年過。」訴說著滿腔的委屈和困苦。

寡婦家的隔壁住著一位窮秀才，要說此人是以追求功名利祿為己任的，可是始終不得志不上榜，連年的考舉失敗，也早就讓他的錢袋子空空，日子和寡婦家過得一樣困難。

聽到寡婦此時的感慨，他心中的憤懣之情被迅速激發，就跟著對出了一句下聯：「事無成，事事無成，事事成。」

隔壁的寡婦聽到有人和自己應合，她能感受出此人與自己經歷著生活的困苦，就也想認識一下這位鄰居。

沒想到經過媒婆的進一步引薦，二人彼此都動了些心思，也就走在一起。

婚後這一家人的生活雖然仍舊沒有什麼起色，但好歹窮酸的秀才有了家庭的溫暖，孤苦無依的寡婦有了堅實臂膀的依靠，二人又都嫻熟對對子，平日裡過著炊煙裊裊的平淡美好生活。

上聯：南通州，北通州，南北通州通南北。

明代永樂年間，江南有一位姓陳的千金小姐，因是家中的獨生女，從小備受父母疼愛，所有心血都放在她身上，幾乎把她當成兒子撫養，請當地知名教書先生教她讀書。

陳小姐天資聰慧，沒有辜負父母的期望，琴棋書畫無一不精，詩詞歌賦樣樣精通，簡直是美貌與智慧並存的才女，假如她是男兒身，定能考取功名，說不定可以入朝為官。眼見女兒到了成親的年紀，父母不忍心讓寶貝女兒離開，經過一番考慮，決定找個上門女婿，入贅到陳家，如此一舉兩得。

陳小姐也不願離開父母，贊同他們的做法，但她自己很有想法，畢竟嫁人是終身大事，寧願孤獨也不願將就，未來丈夫一定要符合她的要求。於是，陳小姐公開招親，對相貌和家世沒有規定，唯一的條件就是通過她出題測試。消息一出，城裡頓時熱鬧起來，前來面試者絡繹不絕，畢竟只要娶了陳小姐，不僅解決終身大事，

以後還能繼承豐厚的家產，誘惑力不可謂不大。

　　經過幾天的角逐，沒有一人能打動陳小姐，這讓她非常失落，無奈感慨道：「莫非我真的遇不到如意郎君，註定孤獨終老嗎？」正當她難過時，一位長相俊秀的書生悄然而至，陳小姐不是顏控，認為長相與才華未必成正比，為試探書生是否有真才實學，出了上聯：「南通州，北通州，南北通州通南北。」

　　本以為書生對不出來，讓陳小姐驚訝的事情發生了，只見書生胸有成竹地說：「春讀書，秋讀書，春秋讀書讀春秋。」此時她已芳心暗許，認為書生符合她心中如意郎君的要求，不過並沒有急著表態，而是繼續出了個上聯：「三更挑水，擔回兩輪明月。」書生依舊很淡定，微笑著對出下聯：「傍晚洗衣，弄碎一片彩霞。」

　　不得不說，書生的智商很高，且臨場應變能力不俗，加上長相出眾，綜合條件非一般人可比。於是，書生從眾人當中脫穎而出，憑藉經典對聯迎娶美嬌妻，後來考取進士，但他對陳小姐的感情從未改變，兩人生活非常幸福。假如你是這位書生，能否成功對出絕佳對聯，迎娶貌美如花的陳小姐呢？

　　此外，清朝文學大家紀曉嵐曾留下一副經典對聯：

　　　　東當鋪，西當鋪，東西當鋪當東西。
　　　　南通州，北通州，南北通州通南北。

　　南通和現今的北京通州都是中國水運樞紐京杭大運

河的貿易點。

古人以對聯招親的例子頗多，也因此造就不少佳偶。

行善積德，福蔭子孫的狀元對聯。

上聯：炭黑　火紅　灰似雪
下聯：

清乾隆年間，揚州有個才子叫柳敬亭，雖不敢誇學富五車，才高八斗，但亦熟讀經史子集，其祖父柳若謙是當地富戶，家資殷實，平素亦樂善好施，當地人尊稱他為「柳老太爺」。

柳敬亭十九歲這年，恰逢京城大考。他遵從父命，帶著書僮進京趕考，求取功名。這天，柳敬亭和書僮入宿，離京城360里的方文寺。晚上，柳敬亭翻來覆去，怎麼也睡不著，聽到窗外有陣陣簫聲傳來，便披衣走出了房間。

寺裡有尊大香爐，月光下，隱約看見旁邊盤膝，坐著一位青年書生，白衫雪巾，手撫玉簫，如玉樹臨風，恍若仙人。

柳敬亭本精通音律，今見這青年書生，簫藝出類拔萃，聽到妙處，不禁高聲贊道：「好簫，好簫！真如仙樂，敢問兄台名諱？」

青年書生停下來，抬頭看了一眼柳敬亭，知他不是尋常之輩，便朗聲答道：「在下秦起雲，乃江浙舉子，

今赴京趕考，途經此地，一時興起，胡亂吹上一曲，兄台如不見笑，就請過來一敘。」

柳敬亭走過去，也盤膝坐下，與秦起雲談論詩詞音律。兩人一見如故，越談越投緣，便結伴上路，一同赴京。一路上，兩人相互切磋學問，均暗自欽佩對方才學，柳敬亭更是覺得，秦起雲才學勝過自己一籌。

本來他此番進京趕考，是衝著頭名狀元去的；如今不得不驚嘆山外有山，人外有人了。三天後，兩人來到京城，在「逢春客棧」住了下來。考試這天，柳敬亭被分在天字九號房。

京城會試，每個考生一間小房，互不通音訊。考卷分發到手，柳敬亭粗略看了一下，覺得不算太難，便下筆如有神，奇文妙語紛呈於紙上，不知不覺間，平添了幾分得意。

不一時，天色已晚，監考小吏給每位考生，點上一盞燈，考生通宵奮筆疾書。考卷最後一題是對聯。

柳敬亭看了上聯，心中不由微微一顫，上聯是：「炭黑火紅灰似雪」。

這七個字含有三種顏色、一樣事物，真是少有的奇聯。這上聯本是翰林院，一位老翰林幾年前偶得的，苦思數載未能對出下聯，整個朝野也無人能對。

這上聯也難住眾考生，分在天字廿七號房的秦起雲苦思冥想，也束手無策。柳敬亭苦思半夜不得，不由感嘆自己，才疏學淺。

這時夜已深了，一陣倦意襲來，他便伏在桌上睡著

了。夢中，有人拍了拍柳敬亭的肩膀。他睜眼一看，面前站著一位，鬚髮皆白的老者。見他醒了，老者順手拿起，他的答卷，看了一下說道：「年輕人，你這文章可有諸多不妥之處啊！」

柳敬亭見老者，仙風道骨，心知是飽學之士，忙應道：「請老先生指教。」老者便把他答卷中，不當之處一一指了出來，並提出怎麼修改。

柳敬亭大服，心內視老者為神明，忙問道：「學生請教老先生名諱？」

老者答道：「老夫叫浪依離。」柳敬亭笑道：「老先生，這就奇了，百家姓似無姓浪的啊？」老者微微一笑：「且不問這個，那最後一聯可曾對出？」柳敬亭說：「學生才疏學淺，窮盡心力還是無言以對。」

老者說：「此聯堪稱絕妙，但尚不至於無句可對。你家中可有田地？」

柳敬亭答道：「有良田三百畝。」

老者又問道：「秋種何物？」

柳敬亭笑道：「麥子啊。」

老者笑道：「這不就對了嗎？麥子是何顏色？磨出來的麩皮和麵呢？」

柳敬亭何等聰明，聞聽此言，立即一拍桌子站了起來，興奮地說：「學生明白了。」

柳敬亭從夢中醒來，身邊空無一人，原來是黃粱一夢，不過夢中情節仍歷歷在目。柳敬亭顧不得想別的，顫抖著提起筆對道：「麥黃麩赤麵如霜」。

會試結束，舉子們紛紛回到客棧等候消息。柳敬亭一直尋思那個夢，甚覺奇怪。

　　三天後，主考官林建祥晉見乾隆皇帝，奉上三張考卷，其中秦起雲才學最高，柳敬亭對出了那副奇聯，請皇上定奪。

　　乾隆皇帝在養心殿，仔細閱覽了三張考卷，意欲將秦起雲點為狀元，柳敬亭點為榜眼。心念至此，他拿起御筆。這時秦起雲的試卷，放在龍案左邊，柳敬亭的居中；乾隆皇帝持筆，越過柳敬亭試卷，目及卷上對聯，心中微微一動，暗道：這對聯可真是鬼斧神工啊！

　　就在這一念之間，飽蘸硃砂的御筆落下一滴硃砂，正巧落在柳敬亭，三個字上面。乾隆皇帝不由苦笑道：「天意，文章不及秦起雲，造化難比柳敬亭啊！這狀元可是天定啊！」

　　喜訊傳到揚州，柳家張燈結綵，地方官和各鄉紳，紛紛前來道賀。柳敬亭回到家，將夢中之事講給家人，柳若謙慨然道：「是祖上積德，蔭及子孫啊！」

　　秋去春來，轉眼一年過去了，柳敬亭早已回京城赴命。到了農忙時節，柳若謙來到自家農田。當他看到地中間一座無碑墳墓時，心中微微一嘆。原來這墳中埋著一位寒儒，一生貧困潦倒；死後家人無處安葬，慕柳老太爺樂善好施之名，夜裡將屍體下葬於此地。

　　柳若謙知道後，並未責怪他們，反而拿出銀兩，讓他們自己謀生去了。此後每到農忙春耕之時，柳若謙總要犁地，但人靠兩邊犁，唯恐傷及墳墓。天長日久，竟

留出一片空地來。

當下人今年又問道：「老太爺，今年……」柳若謙想也沒想，仍像往年一樣隨口答道：「讓一犁吧。」話剛出口，他猛然醒悟了，所謂「浪依離」者，竟然是「讓一犁」啊！

柳若謙忙命下人，備了香燭紙馬，親自焚香叩拜，又遣人制一石碑立於墳前，上書「恩公讓一犁之墓」。

柳若謙善念，讓一犁，竟「讓」出一個狀元。

炭黑火紅灰似雪，

麥黃麩赤面如霜；

御筆硃砂批點落，

緣祖陰德讓一犁。

所謂行善積德，福蔭子孫！再次驗證祖先是我們的護法神，子孫尤應慎終追遠，維護中華傳統文化的美德。

《易經》中有一說法，即「一命二運三風水四積陰德……」，談及影響一個人生命及命運的重要因素，其中積陰德，即多行善，自可先轉運再轉命。因此，「勿以惡小而為之，勿以善小而不為」、「大德者，必得其位，必得其祿，必得其名，必得其壽，必受命於天。」、「善不積，不足以成名，惡不積，不足以滅身。」《道德經》：「重積德則無不剋。」、《黃石公·素書》：「德者得也。」

總之，多積德行善，累積善德。俗話說：善有善

報，只要心存善念，在能力範圍之內，儘量協助他人，因助人為快樂之本，施比受有福，多累積福報並積德。從自己做起，擴至家庭再到社會，只要人人以善念出發，回饋社會，則處處呈現一片詳和之氣，若此，則世界何來戰爭？

最後以「知福、惜福、造福、知恩、感恩、報恩」十二個字與你共勉，祝願兩岸和平，世界和平。

上聯：乾八卦，坤八卦，八八六十四卦，卦卦乾坤已定

紀曉嵐是清朝有名的大才子，一生工詩善文，博覽群書，八歲的時候，已經將《論語》、《孟子》、《大學》和《中庸》讀完，遠非常人能比。尤其是在對聯方面，更是從小就展現超凡的天賦。

因此，歷年來不論是民間傳說故事，或是文學作品創作，但凡提到紀曉嵐這位清朝大學士的，都離不開其在對聯方面的成就。

有民間故事傳說，紀曉嵐不僅他自己相親的時候，憑藉自己的才華，以對聯來折服對方，就連他學生大婚的時候，也送了一副詼諧妙趣的對聯。因此，不僅留下了一些精妙的對聯，還留下了一段頗為有趣的典故。

紀昀（1724年—1805年），字曉嵐，以字行，號石雲、觀弈道人、孤石老人、河間才子，直隸省河間府獻縣（今河北省滄州市獻縣）人，清代乾隆年間學者，

政治人物。官至禮部尚書、協辦大學士，曾任《四庫全書》總纂修官。卒諡文達。

以妙聯求婚

紀曉嵐在十七歲的時候，已經到了娶妻的年齡，與父親紀容舒商談之後，便和四叔紀容端前往東光縣馬府求婚。到了馬府之後一行人將禮物呈上，便見到了馬府的主人馬周籙。馬周籙早就知道紀曉嵐這位才華出眾的神童，又見他談吐不凡，一表人才，正與自己的二女兒馬月芳年貌相當，心裡便同意了七、八分。

不過，馬月芳應對求婚者的態度一律都是親自出題應對，只有令她滿意了才能求婚。對於紀曉嵐來說這條規矩自然也不在話下。所以在紀曉嵐來提親時，她沒有立刻答應，而是向紀曉嵐提了兩個問題。

第一個問題是對聯，馬月芳出了一聯一詩，讓紀曉嵐應對。「乾八卦，坤八卦，八八六十四卦，卦卦乾坤已定」。

紀曉嵐對的是：「鸞九聲，鳳九聲，九九八十一聲，生生鸞鳳和鳴。」此對可謂妙到毫巔。

第二個問題是斷詩。馬月芳給紀曉嵐四十八個字「月中秋會佳期下彈琴誦古詩中不聞鐘鼓便深方知星斗移少神仙歸古廟中宰相運心機時到得桃源洞與仙人下盤棋」，讓他斷句。紀曉嵐剛拿到這首詩也是一臉懵，不過後來他慢慢就弄明白這首詩的奧妙，給出了自己的答

案：八月中秋會佳期，月下彈琴誦古詩。寺中不聞鐘鼓便，更深方知星斗移。多少神仙歸古廟，朝中宰相運心機。幾時到得桃源洞，同與仙人下盤棋。

這是藏頭露尾詩中的一種，詩下一句的首字，是上一句尾字的一部分，比如說，第一段前半句尾字為期，後半句的首字就是期字中的一部分，也就是「月」。如此類推，每一句皆是如此，不得不感嘆中華文化真是博大精深。紀曉嵐可以說是完美地完成了馬月芳的兩個問題，也甚得馬父的歡心，最後，自然是如願抱得美人歸。

上聯：鼠無大小皆稱老

一次有位烏巡撫到翰林院辦事，紀曉嵐就和其他翰林一起去拜見，那烏巡撫平時趾高氣揚慣了，也沒把對方放在眼裡。

翰林院裡可都是才子，有的是狀元被分配到此，自然是臥虎藏龍，風雲際會。烏巡撫雖知，但此人自持才高，當著紀曉嵐的面就出了個上聯「鼠無大小皆稱老」。這副上聯說的是不管小老鼠還是大老鼠都被稱為老鼠，這和翰林院不管年輕的還是年長的都被稱為老先生有著相同的意思，這其實是在發難，而且還頗為不禮貌。

在場之人聽到後都陷入了沉思，一時竟無人能對出下聯，可謂是難倒眾才子。而紀曉嵐略一沉思便就有了答案，他大聲地說出下聯「龜有雌雄總姓烏」。這副下聯說的是烏龜不論是雌還是雄都有個「烏」姓。

姓烏的巡撫聽到這副下聯自知是被紀曉嵐擺了一道，自討沒趣，於是趕緊灰溜溜地走了。眾人聽後都覺得上下工整，真是一副絕對。

紀曉嵐不愧是乾隆時期的一代文宗，他不僅在對對子這方面難遇敵手，在其他文學方面也都是學術執牛耳者。紀曉嵐的文風在清代中期可謂獨樹一幟，和僵化的風氣形成了鮮明的對比。他在歷史上的口碑也非常好，不管是正史還是野史中都是耀眼的存在。

一筆直通，兩扇敞開。

紀曉嵐文采超群，曾任《四庫全書》總纂官，與同時代江南的袁枚齊名，時稱「北紀南袁」；而他的文采與機智，備受人稱讚；有一次，紀曉嵐私下稱乾隆皇帝為「老頭子」，被皇帝聽見。乾隆曰：「無禮之徒，為何叫我老頭子？講得有道理，就免你的死罪。」紀曉嵐回答：「萬壽無疆曰老，頂天立地、至高無上曰頭，父天母地曰子。」乾隆聽了心情大好，怒火全消。

又有一次，乾隆帶著紀曉嵐去泰山巡遊，這山上有很多寺廟，剛好有一間尼姑庵剛落成不久，這裡的尼姑知道紀曉嵐十分有才學，便斗膽請他來為寺廟提一副對聯，接到這樣的請求，學識過人的紀曉嵐自然是毫不猶豫的答應了，畢竟對他來說，寫一副對聯只不過是小菜一碟。

在眾人注目下，只見紀曉嵐手起筆落，轉眼間就寫

好了一副對聯，不過眾人看到這副對聯後卻毫無喜色，因為這副對聯寫的是「一筆直通，兩扇敞開」，很明顯，這是一副極具侮辱性的對聯；對於這樣的羞辱，當時寺廟裡的尼姑忍無可忍，便怒罵紀曉嵐枉為讀書人，絲毫不知廉恥，就是一個登徒子。

　　乾隆在一旁看戲看得津津有味，他知道，紀曉嵐這是老毛病又犯了，看到幾個年輕女孩子就想要開個玩笑。尼姑庵是什麼地方，這兒是清淨之地，紀曉嵐把這種下流玩笑開到了這裡，讓她們怎麼能不生氣呢？乾隆眼見著這些尼姑們的臉色越來越不對，趕忙開口打圓場。「你就別開玩笑了，這兒可不是開玩笑的地方。趕緊給我好好寫，然後跟人家道個歉。」

　　可還沒等尼姑罵完，紀曉嵐馬上說自己還沒寫完，只見他在這兩副對聯後面加上了三個字，上聯加上了「西天路」，而下聯則是添上了「大千門」，連起來就是「一筆直通西天路，兩扇敞開大千門」，表達的含義就是希望尼姑庵能夠香火鼎盛，有更多的人前來祈福。

　　看到這裡，尼姑轉怒為喜，不但沒有生氣，反而誇讚紀曉嵐學識過人。

　　不過此次出門既然是微服出巡，乾隆皇帝也不打算擺架子。他看到尼姑們不追究了，他也就此作罷。而這幅對聯，也被尼姑庵收了起來。畢竟現在對聯的意思完全不同了，尼姑們也很是驚喜。不得不說，紀曉嵐還真是有兩把刷子！也難怪深受乾隆皇帝的喜愛。

上聯：只可嘆，彎木難當頂樑柱。

　　一提到清朝的名臣，我們可能都會想到紀曉嵐，而提到清朝特徵最明顯的名臣，我們一定會想到劉羅鍋。劉墉，山東諸城人，清代著名書法家、政治家，是乾隆朝名臣劉統勛的兒子。因為父親擔任大學士，劉統勛因此沒有參加鄉試，直接獲取了舉人身分。在後來的殿試中，劉墉獲得二甲第二名，正式進入翰林院學習。

　　除了詩詞，乾隆皇帝還熱愛對對聯。話說，當乾隆皇帝第一眼見到劉墉時，就被他的樣貌驚呆了，這個滿腹詩書的學子，竟然是個羅鍋，而且駝背還非常嚴重。乾隆一直都喜歡長得比較帥氣的人，比如紀曉嵐與和珅都是因為樣貌才華，才進入了乾隆的法眼，官職都晉升得很快。當劉墉來到乾隆面前謝恩的時候，乾隆看到劉墉的長相，就不想給他封官了。於是，他想用一個對子為難劉墉，乾隆思考了片刻，說道：「只可嘆，彎木難當頂樑柱！」

　　乾隆就是想要借著這個對子，讓劉墉明白我不喜歡你，你的樣貌不符合我選才的標準，你趕緊退出吧。而劉墉也明白乾隆皇帝的意思，但是他不驕不躁，緩緩的對出了下聯，內容為：「甚為喜，屈弓才可射天狼！」

　　劉墉對出的下聯出自蘇軾的〈江城子，密州出獵〉，可謂經典。由於劉墉是個羅鍋，他以屈弓比喻自己，意思是我很高興，只有彎弓才能射天狼，也就是說

自己雖然駝背，但是才能不比正常人低，會為朝廷好好效力的。乾隆皇帝的一陣譏諷，被劉墉輕描淡寫地躲過去了，乾隆也知道自己玩笑開過頭了，於是任命劉墉在翰林院工作，頗受重用。

嘉慶在位期間，劉墉也頗受重用，他在治理朝政方面有著獨到的見解，深得信任，在嘉慶駕幸熱河時曾命劉墉主持朝政。劉墉宦海沉浮五十餘載，幾經起落，歷經兩朝仍得以善終，由此可見他為官清廉、秉公執法，為民請命，在面對證據確鑿的罪犯時不畏強權據理力爭，只為「公道」二字。

上聯：坐北朝南，吃西瓜，籽往東放。

清朝的乾隆皇帝，十分喜歡寫詩，乾隆一生，寫下了許多詩篇，但流傳下來的卻寥寥無幾。除此之外，乾隆還喜歡對對子，他在位時，經常有感而發，隨處所見所聞，他都能用來出對聯，每次心血來潮時總是愛考考身邊的文武大臣，即使是在莊嚴的朝堂之上也不例外。乾隆出的這些對聯，有的十分簡單，但大臣們都不太敢對，尤其是和珅，雖然和珅頗有學識，但他面對乾隆的對子總是心不在焉，哪怕對上了，也是用了很長時間。他深知如果自己輕鬆對上了，豈不是顯得自個兒學問比皇帝還高，說不準還會惹得乾隆心中不快。

於是，乾隆皇帝便把眼光轉向了大學士紀曉嵐，紀曉嵐號稱大清第一才子，其才華出眾，深得乾隆寵愛，

並時常隨王伴駕。有一次夏天上朝，由於清朝朝服不透風，紀曉嵐覺得很熱，很快汗珠就從額頭上冒了出來。乾隆皇帝看到紀曉嵐這樣，大發慈悲，於是命令太監賞賜給紀曉嵐兩塊西瓜吃，紀曉嵐謝過聖恩後大口吃起西瓜來，一邊吃一邊吐西瓜籽，此時此刻、此情此景，乾隆皇帝有感而發，出一個上聯：「坐北朝南，吃西瓜，籽往東放。」

乾隆趁機詢問紀曉嵐是否能對出下聯，紀曉嵐急忙轉動腦筋，不料這次真的栽了，紀曉嵐居然沒有想出能對得上這上聯的下聯來，而在一旁的和珅見狀，則是側面甩來一個鄙視的眼神。

不過，這副對聯據說連和珅也沒對出來，當然，和珅即使能對，他自然不會說。於是，這就成了一個千古絕對，直到百年後才有人對出。他的下聯是：

自上而下，讀左傳，書向右翻。

不得不說這對得真是是太經典了，南北對上下，吃西瓜對讀左傳，籽往東放對書向右翻，對得那叫一個無懈可擊！不過，長江後浪推前浪，一浪比一浪強。

你能對出比這更好的下聯嗎？有空時不妨試試看哦！

上聯：獨眼不登龍虎榜

「獨眼不登龍虎榜」，劉鳳誥明知乾隆是在嘲諷自

己醜陋的面容，但是還是十分淡定的說出後半句：「半月依舊照乾坤」。

劉諤明因相貌太醜，乾隆出上聯挖苦，卻被他當場對出，乾隆大喜：「賞你探花」。

現在社會上開始流行一個有趣的測試，那就是讓一個顏值高的人一開始扮醜向路人尋求幫助，觀察路人的反應，然後再讓他恢復本來的面貌再次向路人求助，看看路人的反應有什麼不同。測試的結果大家就算沒看過也都能想出來，顏值高的人更容易獲得陌生人的幫助。

我們不得不承認，這是一個看面貌的社會，一個好的顏值可以帶來意想不到的的機會和財富。在相親中，如果對方的顏值較高，那麼相親的成功率將會大大增加。在面試中，考官不可能在短短幾十分鐘內完全了解一個人，那麼想要被考官選中，有真才實學是一方面；另一方面就是要有一張讓人看著舒服的臉蛋。

這種情況可不是最近才有的，人類對美的追求從遠古時代就開始了。所以，古人和我們現代人一樣，喜歡顏值高的人。但是凡事總有例外，只要你有真才實學，總有一天人們不會把焦點放在你的顏值上。今天，一位清朝的才子，他沒有很高的顏值，但是靠著才氣得到了皇帝的賞識和百姓的尊敬。

這名才子叫劉鳳誥（1760年—1830年），字丞牧，號金門。江西萍鄉（萍鄉市上栗縣赤山鄉石觀泉村）人，清朝政治人物、探花。

劉鳳誥六歲喪母，瞎一眼，才思敏捷，師承彭元

瑞號，乾隆五十四年（1789年）登己酉科進士一甲第三名（探花），授翰林院編修。他是江南地區數一數二的名門望族，從小吃喝不愁的豪門大少爺，雖然有著優渥的生活，但是沒有和許多大家族子弟那樣整日沉迷於玩樂，反而在家族的培養下成了文武雙全的才子。他在文學方面的造詣最高，十分擅長對對聯。

劉鳳誥是標準的父母眼中「別人家的孩子」，唯一不足的是他沒有一張好看的臉，且有一隻眼睛是瞎的。這一隻眼睛之所以會瞎，是因為劉鳳誥小時候特別淘氣，喜歡和比自己大幾歲的哥哥們玩耍就算了，還十分要強，什麼都要爭第一。有一次，劉鳳誥和幾個小夥伴比賽射箭，劉鳳誥抬頭想看看自己射了多遠，不料箭突然落下，刺入他的眼中。從此，劉鳳誥就失去了一隻眼睛。

劉鳳誥並沒有因此頹廢，反而更加刻苦的學習。在科舉考試中，劉鳳誥憑藉著自己豐富的學識順利來到了殿試的考場。我們都知道，殿試不同於前幾次的考試，它是由皇帝當考官，直接選拔人才的。有的考生被皇帝欣賞，當上了大官，有的惹皇帝不快，被砍掉了腦袋。

由於劉鳳誥面貌獨特，一下就被乾隆看到了，於是就想出一個對聯考考他。乾隆出的上半句是「獨眼不登龍虎榜」，劉鳳誥明知乾隆是在嘲諷自己醜陋的面容，但是還是十分淡定的說出後半句：「半月依舊照乾坤」。

乾隆覺得這個年輕人有意思，便思索片刻，又想出了一個對聯來為難劉鳳誥：「東啟明，西長庚，南箕北

斗，誰是摘星漢？」

然後劉鳳誥又不急不慢的對出下聯：「春牡丹，夏芍藥，秋菊冬梅，臣本探花郎。」誰知這位劉鳳誥還真不簡單，沒一會就又對出下聯。

乾隆聽後很是歡喜，本想讓劉鳳誥成為狀元，但考慮到他的長相，直接表示：「賞你探花！」劉鳳誥憑藉著才氣得到了乾隆的信任，還得了一塊「探花及第」的牌匾，可謂是風光一時啊！

現今的社會，攀附權貴及踩著別人的頭而升官的比比皆是，但皆無法持久，惟有真才實料，如本文的劉鳳誥，方可立於不敗之地。

上聯：騎青牛過函谷，老子姓李。

對聯不僅可寄託美好的願望，還可以用來做自我介紹，例如，一個姓張的神箭手自我介紹：

弓長張張弓，張弓手張弓射箭，箭箭皆中。

一位姓李的木匠表示不服，於是以自己的實際情況對下聯：

木子李李木，李木匠李木雕弓，弓弓難開。

要說古人，真是才華橫溢，不就是說個名字嘛，還

能想出這麼多名堂，看來，對對聯真的特別有趣，只是現今的社會，我們對於對聯的瞭解似太少，需要學習的地方還有很多。

話說在清朝咸豐年間，有一位李秀才，才思敏捷，好吟詩作對，但是他恃才傲物，動不動就用鼻孔看人。

有一天，一位遠道而來的窮書生正好路過李秀才家門口，想上門投宿。李秀才見來人面色黝黑，衣衫襤褸，看都懶得多看一眼，只想攆他走。

作為讀書人，爆粗口「滾」字總是不太好說出口，於是他就以文化人的方式，出一上聯道：「樹大權多，不宿無毛之鳥。」

窮書生一聽，自然知道其中之意，文化人嘛，即使吃了閉門羹也不能輸了氣勢，隨即，對一下聯：「灘平水淺，難藏有角蛟龍。」說罷，窮書生掉頭就走。

李秀才非常意外受到反擊傷害，心中不爽，趕忙追上去，請他回來。寒暄幾句後，窮書生躬身問：「請問貴姓？」

李秀才靈機一動，心想報仇的機會來了，於是，只聽他大聲的說一上聯道：「騎青牛，過函谷，老子姓李。」

這上聯絕了，表面看是個自我介紹的句子，實際是個占便宜的雙關聯。

秀才對下聯：「斬白蛇，入武關，高祖姓劉。」看來兩人針尖對麥芒，誰也沒吃虧。

上聯：一二三四五六七

　　這個對聯蠻有意思的，拐彎抹角的罵人，某位秀才看不慣地主的惡行，藉著對聯修理地主，出了上聯「一二三四五六七」，其下聯更是讓人拍案叫絕！那麼秀才的這副對聯究竟有什麼深意呢？下聯又如何讓人拍案叫絕呢？

　　話說在某個鄉下，有這樣一位地主，平常就會剝削農民，為禍鄉里，很多的農民是敢怒不敢言，但是沒有辦法，誰讓人家有錢有勢呢，而且作為地主也全都靠的是祖上積德。他自己本身又沒有文化，所以在這個地主過壽的時候，就總會請上一位鄉里的秀才，來給自己寫一副對聯，讓自己看起來非常的有文化。

　　之後地主就開始向一些人請教，秀才所送的這幅對聯究竟是什麼意思，而人們告訴他，這是在罵他呢，首先來看看上聯，「一二三四五六七」。在古代的時候，人們都認為成雙成對才是最完美的，但是在這個對子上卻唯獨少了一個「八」，人們認為這句話是亡八（王八）的意思，而地主趕忙問，那麼下一句是啥意思呢？

　　下聯「孝悌忠信禮義廉」中原本都是一些人們完美的品質，但是孔子《論語》中說人有「八德」，分別是「孝悌忠信禮義廉德」，但是下聯卻唯獨沒有「德」字，也就是在拐彎抹角的罵他「缺德」，地主才知道自己被秀才給耍了，氣憤地撕下了貼在門上的對聯。

罵人不帶髒字，這也凸顯中華文化對聯的特色。

上聯：花果山水簾洞，有深有淺

有一名寡婦出一上聯：「花果山水簾洞，有深有淺」，瘸子巧對經典下聯。

一般來說，古時候的女性是沒有地位可言的，尤其是寡婦，要承受著被人指指點點非議的目光，想要再嫁也幾乎是不可能的。但這個年輕的寡婦，因自己才貌俱佳，家庭又很有實力，因此即使成了寡婦，也有相當多的人來上門求親。然而這名女子選擇未來夫君的方法，就是一副對聯，寡婦出了上聯，若是有人對出了下聯，且符合要求和意境，她就選擇和對方結為夫妻，她出的上聯則參考了四大名著之一《西遊記》裡的情節，上聯為「花果山水簾洞，有深有淺。」

然而這樣的選君方式，讓眾多的求親者一頭霧水，有的求親者雖然經濟條件非常好，可文化水平並不高，甚至連《西遊記》這本書都沒讀過，更別說對下聯；而有的求親者雖然讀過《西遊記》，可完全不明白這位寡婦內心想得到的是一個怎樣的結果，所以也並不知道該如何對下聯；更有甚者，完全不在意這位小姐的心思與喜愛，什麼對出下聯的要求，一律置之不理，認為女性都喜歡身強體壯的丈夫，於是當場為小姐表演武藝。諸如此類的求親者，不勝列舉，寡婦看到這樣的場景，也只能無奈地搖頭嘆氣，心情一度十分沮喪。

這時候，眾多求親者當中走出來一位年輕的讀書人，看上去清秀俊俏，臉上帶著自信平靜的微笑，身上則透著一種讀書人特有的不卑不亢的氣質，但金無足赤，人無完人，這位書生什麼都好，只可惜是位瘸子。

　　只見這位瘸子站到前面來，落落大方地將自己對出的下聯向這位小姐道來：「孫悟空金箍棒，可長可短」，說罷便禮貌地站到了一旁，等待結果。這位小姐聽到下聯之後，心裡一動，暗暗稱讚，「花果山水簾洞」與「孫悟空金箍棒」交相呼應，前者是後者稱王的地方，剛好合適，「有深有淺」與「可長可短」，都分別描述了水簾洞和金箍棒的特點，也是再合適不過的。

　　無論從意境上還是從對仗上來看，整個對聯都十分精妙，令人讚不絕口，於是小姐心想，你既不嫌棄我的寡婦身分，我們兩人又有相同的興趣愛好，那我也不在意你的跛足，如果能做成夫妻，一定會是個美滿的結局。於是當場宣布，選這位瘸腿的讀書人作為自己的丈夫，而書生自然也是欣喜若狂，後來夫妻兩人舉案齊眉，相敬如賓，果然日子過得有聲有色，被後來的人傳為佳話。

　　由此可見，對聯對得好，在古代還可能會有一段美好的姻緣來臨！不過日常生活中，我們多瞭解一些傳統文化還是很有必要的，對對聯這種方式，既能愉悅身心，又能提高自己的文化水平，期盼現代人也能在茶餘飯後欣賞及學習對聯的文化之美。

上聯：五月黃梅天

　　蔣勳在談「幽默」時曾提及近代對聯的故事：有個官員在江邊看春天的景色，十分陶醉，於是出了個上聯──「五月黃梅天」。

　　要隨從的官員對下聯，半天沒人對得上。倒是一個睡在簷下的酒鬼，張開眼睛說：「三星白蘭地。」多妙啊，五對三、月對星、黃對白、梅對蘭、天對地。這「對聯」的幽默不是中國人才有的嗎？

第四章

生活感悟篇

圍棋

> 當局者迷旁觀清
> 不執得失心慧明
> 浮世繁華轉眼逝
> 跳出名利沉夢醒

　　作為琴、棋、書、畫四大藝術的一部分，圍棋在中國古代文化中占有顯著位置。自古以來，在探尋圍棋藝術與人類智慧完美結合的同時，人們從中領悟到許多至理名言，因而出現了一些與圍棋有關的成語，其中有的對後世產生了深遠的影響。

　　與圍棋有關的成語中，最著名的莫過於「當局者迷，旁觀者清」，此成語源起於南朝宋時《宋書·王微傳》中的一封書信，據史書記載，從晉朝到南北朝時期，王氏家族不少成員精通圍棋。後又見於《舊唐書·元行沖傳》：「當局稱迷，傍（旁）觀見審。」

　　據說朱元璋與大將徐達在莫愁湖畔對弈，徐將軍不管他皇帝的身分，一路殺將過去，大獲全勝。朱元璋吃

了敗仗不僅不怒，反以莫愁湖贈與徐達，為棋壇留下一段佳話。這段佳話得以傳世，也許不在於朱老流氓罕見的風雅，而是在於這故事的昭示，如果為官者對待屬下都有容讓的胸懷，從而使身邊人才濟濟，「萬事如棋局局新」，也就不至於弄到慈禧的地步。當然，這是棋局之外的話。

圍棋是中國的國粹，歷代名人如杜甫、白居易、歐陽修、蘇軾、王安石等都愛下圍棋！《三字經》：「泌七歲，能賦棋，彼穎悟，人稱奇。爾幼學，當效之。」（唐朝神童李泌，請閱本書第二章：詩詞趣味篇）

天下第一棋手

清朝名臣左宗棠喜歡下棋，而且棋藝高超，少有敵手。

有一次他微服出巡，在街上看到一老人擺棋陣，並且在招牌上寫著：「天下第一棋手」，左宗棠覺得老人太過狂妄，立刻前去挑戰，沒有想到老人不堪一擊，連連敗北。左宗棠洋洋得意，命他把那塊招牌拆了，不要再丟人現眼。

當左宗棠新疆平亂回來，見老人居然還把牌子懸在那裡，他很不高興，又跑去和老人下棋，但是這次竟然三戰三敗，被打得落花流水。第二天再去，仍然慘遭敗北，他很驚訝老人為什麼這麼短的時間內，棋藝能進步如此地快？

老人笑著回答：「你雖然微服出巡，但我一看就知道你是左公，而且即將出征，所以讓你贏，好使你有信心立大功。如今已凱旋歸來，我就不敢客氣了。」左宗棠聽了心服口服。

謙虛是一種美德，也是一種智慧，一時的相讓可以顧全大局。此時是否有事情正讓你為難，「退一步路，海闊天空」，讓這老人的智慧成為我們的智慧。

高瞻遠矚

如果一個人生平好貪圖小便宜，那麼，他的目光就很短淺，在下棋的時候，總是死死盯住眼前幾個棋子的死活，而忽視了全局棋勢的發展，這個人必敗無疑。生活中的哲理就是要事事「高瞻遠矚」。

有失才有得

如果一個人好勝心切，卻又不講究棋盤戰術，跟對手死拚硬磨，明明已是死局，卻頑抗到底，結果投入的棋子越多，自己輸得越慘，對方的實力越雄厚。所以要學會放棄，正所謂「有失才有得」，生活中最簡樸的定律。

圍棋的有限與無限

棋子是有限的，共有三百六十一顆。可是古今中

外，從無一盤棋是一模一樣的。這就是有限的棋子，創造出無限的變化。人的生命有限，卻能借著前人後人的經驗智慧，無限的傳遞下去。

行棋運子實，重視有限；行棋運子虛，重視無限；以有限為根，以無限為枝葉，自然能生出一片天空來。

驕兵必敗

如果一個人棋藝高深，招招對路，卻驕傲自大，輕敵過甚，只顧擴展實力，而不注意防備對方進攻。那麼，一旦對方進去侵擾，必有漏洞可鑽，看似力量強大，實則破綻百出，防不勝防，必被挖空，還有什麼驕傲可談！「驕兵必敗」，一點不假！

《易經》第十五卦：「地山謙」是《易經》六十四卦中，唯一的三爻皆吉，三爻無不利之卦，強調謙虛的重要。在李威熊審訂，劉淑爾譯著的《悅讀易經，易啟幸福》一書中，就謙卦的啟示，說明謙虛不等於卑微，不等於沒行動，甚且謙虛是以力量為後盾，要恩威並濟。以謙虛的態度待人處事，則事順遂，更何況謙虛是中國人的美德，尤需要發揚光大。

輸贏

所謂「勝敗乃兵家常事」，如果把「輸」當作一種練習，那就是把「輸」拿來做根基，隨時準備「贏」。

旅日圍棋九段林海峰師承吳清源，之所以被日本人尊稱為「二枚腰」，就是他可以在輸三盤以後連贏四盤，就有如擁有兩個腰一樣如此有韌性。林海峰以平常心下棋，以平常心看人生，鼓勵愛下棋的朋友。他以平常心面對人生的態度頗值得我們學習。

我們都知道「失敗為成功之母」，因此如果從小就開始利用下棋來練習輸贏，對於未來生活與職場的競爭，就能處之泰然了，圍棋是如此，人生也是如此。

就像日本著名棋手藤澤秀行先生的名言：「棋道一百，吾只知七。」人生經常需要面臨抉擇，我們大多數疲於奔命的人都是連「七都不知」。因此，人生處世，不論是圍棋或是其他各類的棋藝、音樂、藝術等，都要以屹立不搖的精神去面對，方可走出屬於自己的一片天。老子《道德經》：「江海所以能為百谷王者，以其善下之，故能為百谷王。」

圍棋盤雖是寸尺見方，但它的奧祕與深深的內涵，就像浩瀚的海洋下所蘊藏的寶藏，值得人們不懈地去發掘。

人生就像一盤棋，競爭是不可避免的，但棋逢對手，切記三思而後行！如何從下圍棋中領悟人生的哲理及做人的道理值得我們學習深思。

蘇東坡之樂

為什麼提起蘇東坡，我們總是倍感親切，充滿共鳴？

每到中秋節，我們都要想起那句：「但願人長久，

千里共嬋娟。」

感嘆浮生變幻，我們悲嘆：「世事一場大夢，人生幾度秋涼」、「經歷過動盪、漂泊，我們感動於人生到處知何似？應似飛鴻踏雪泥」這樣精準的譬喻。

2000年，法國《世界報》組織評選西元1001年-2000年的「千年英雄」。全世界一共評出12位，蘇東坡名列其中，是唯一入選的中國人。

蘇軾的東坡粥

不受環境所困，「烏台詩案」後，蘇軾被貶黃州，生活困窘。愛吃的他，很快發現一個花很少錢就能解饞的好方法。

黃州的肥豬很多，價格也便宜。富人不稀罕吃，而窮人卻不會烹調。蘇軾滿懷對美食的熱情，點化起這塊肥豬肉：

> 淨洗鐺，少著水，柴頭罨煙焰不起。待他自熟莫
> 催他，火候足時他自美。黃州好豬肉，價賤如泥
> 土。貴者不肯吃，貧者不解煮，早晨起來打兩
> 碗，飽得自家君莫管。（蘇東坡《豬肉頌》）

林語堂曾說，蘇東坡是一個「不可救藥的樂天派」。少年得志，頭角崢嶸，中年之後卻命途坎坷，幾番貶謫，飽受牢獄之苦。

蘇軾性格中不受環境的隨波逐流，面對環境適應環境，並轉化心態，其意境穿透千年，更讓無數失意愁苦之人，不斷從中汲取面對生活。

面對不如意，人能做什麼？

大部分的人不會經歷蘇軾那樣坎坷的起伏人生，不會像他那樣，被命運幾度高高舉起，又重重摔落，但人生難免有起伏，作為平凡人的我們，或許沒有大起大落，但也有各自的不如意或逆境要面對。

當你覺得生活痛苦時，不妨看看蘇軾吧：看他如何在淒風苦雨的黃州寫下「竹杖芒鞋輕勝馬，誰怕？一蓑煙雨任平生」；看他從翰林學士到獄中囚犯，再到東坡躬耕，卻仍有「亂石穿空，驚濤拍岸，捲起千堆雪」的氣魄。

更重要的是，蘇軾心懷「小舟從此逝，江海寄餘生」的嚮往，但不曾有一日厭世逃避，而是能說服自己，跳開世間的煙火氣，從中探求快樂之道。

蘇軾的價值更在於他向我們證實了人生最重要的一項底層能力，即無論身處何種環境，都能讓自己快樂的能力。所以，讀懂蘇東坡是終身快樂的開始。

蘇軾的《木石圖》成交價創新高

在中國藝術史上啟發後人無數的千年水墨紙本手卷

《木石圖》，以4億4,636萬港元成交，成為佳士得在亞洲區最高成交價拍品。

佳士得香港2018秋季拍賣焦點之一〈不凡──宋代美學一千年〉，締造717,310,000港元（逾9,200萬美元）成交總額，成交項目比率90.4%，成交額比率98.7%。

該次拍賣呈獻橫越千年的中國藝術作品，領銜之作為中國文人巨擘蘇軾的珍稀墨寶《木石圖》。

當時該墨寶在拍賣廳內引發激烈競投，經過逾5分鐘的競標後，以4億4,636萬港元／59,505,898美元（包含買家酬金）成交。隨著拍賣官的槌聲落下，香港會議展覽中心大會堂內瞬即響起熱烈掌聲。

《木石圖》亦隨即成為佳士得於亞洲區最高成交價拍品，刷新明永樂御製紅閻摩敵刺繡唐卡於四年前同一天創下的3億4,840萬港元紀錄。

《枯木怪石圖》又名《木石圖》，是北宋蘇軾任徐州太守時曾親往蕭縣聖泉寺時所創作的一幅紙本墨筆畫。

該畫作的內容很簡單，是一株枯木狀如鹿角，一具怪石形如蝸牛，怪石後伸出星點矮竹。用筆看似疏野草草，不求形似，其實行筆的輕重緩急，盤根錯節，都流露出作者很深的毛筆功底。

創作背景

蘇東坡的一生仕途起伏，在新舊黨爭中屢遭打擊。早年他與王安石政見不合，認為新法步伐太快，容易產生社會流弊，因而不見容於新黨，甚至在「烏台詩案」

中險些喪命，後被貶黃州。王安石罷相後，司馬光起用了包括蘇軾在內的舊黨人士，但蘇軾同樣不贊成司馬光全盤否定新黨的舉措，所以又受到舊黨的猜忌，其後蘇軾屢遭貶斥，竟一個月內三貶其官，最終將他貶至廣東的惠州、海南的儋州。但蘇軾在給自畫像題詩時卻說：「問汝平生功業，黃州、惠州、儋州。」其曠達灑脫的性格可見一斑。

蘇軾平生嗜作枯木怪石，是因為「怪怪奇奇，蓋是描寫胸中磊落不平之氣，以玩世者也。」

蘇軾特別看重文人畫，在這方面，他不免帶有階級的偏見，但也道出了文人畫的一些特點，「觀士人畫，如閱天下馬，取其意氣」，蘇軾喜歡畫枯木竹石，有較強的表現力。在創作實踐方面，蘇軾所作竹石皆造型古怪扭曲，恰如其胸中矛盾鬱結的悶氣。傳世《枯木怪石圖》畫面上的枯木狀如鹿角，怪石狀如蝸牛。用筆簡單草率，不求形似，筆墨靈動，頗具神采。

欣賞

蘇軾所畫的怪石、古木並不是因物象形，也不是憑空臆造，而是畫家借把熟悉的奇石、古木畫在一起，更鮮明地表露了東坡耿耿不平的內心。石後繪有數枝焦墨細竹，給人以希望之感。

整個畫面的意境，荒空而沉鬱；石之盤旋，似乎凝聚著不平之氣。古木虯屈向上，權梢衝出右邊畫外，突破了扭曲盤結，衝向天際。古木與怪石的巧妙結合，通

過情緒表象的描繪，顯現出更深層的理念。

現代粉絲

現任教於新加坡南洋理工大學前中文系主任的衣若芬副教授，在2020年4月出版的《陪你去看蘇東坡》，依副教授歷經三十年，飛行數十萬公里，貼近詩人一生行跡的聖地巡禮，有系統且深入的整理成冊。此外，衣副教還有一項很厲害的地方，就是「比偶像更瞭解偶像」，你說愛偶像的人能不幫著偶像注意紫微斗數、星座命盤、流年大限嗎？就算愛上的是千年英雄依然不可省。看了本書才發現，原來東坡是北宋仁宗景祐3年農曆12月19日生，也就是西元1037年1月8日星期六，屬老鼠的摩羯座，不禁令人佩服她的研究精神。衣副教授不愧是蘇東坡的現代粉絲，也提供現代人有興趣研究蘇東坡很好的一本參考書。

蘇東坡的畫作在千年之後，以如此高價賣出。有位如此真摯的粉絲，踏遍詩人生前的足跡，及擁有無數的仰慕者，加上他的很多詩詞，現代人皆可朗朗上口，膾炙人口，對中華文化帶來如此深遠的影響，歷久不衰。蘇東坡倘地下有知，應該不虛此生，心滿意足吧！

弘一法師的「渡了五句話」及「人生八然」

李叔同（1880年10月23日－1942年10月13日），號弘一，晚號晚晴老人，是出身天津的畫家、音樂家、劇

作家、書法家、篆刻家、詩人、藝術教育家、漢傳佛教
（南山律宗）僧侶。

　　人生猶似西山日，富貴終如草上霜。

　　此禪聯作於他十五歲。那時的他，大富大貴，衣食
無憂，但早早識破人生短暫、世事無常的生命本相。他
的佛性，他的早慧，與生俱來，這亦與禮佛的家庭環境
氛圍，息息相關。
　　他在杭州虎跑寺斷食治病期間，體悟到佛法可行性
後，三十九歲那年，拋妻棄子，出家為僧，選擇了戒律
最嚴的律宗，由風流倜儻的翩翩公子，轉變成慈悲濟世
的弘一法師，半世繁華半世僧，世間再無李叔同。
　　從上半世的放浪絢爛，換成下半世的自律空靈。
直至六十二歲，他圓寂於泉州開元寺，留下絕筆「悲欣
交集」，這四個字是出自於《楞嚴經》，是歡喜的意
思。我們活在世間，多少會感情流露，如師徒之情、同
參道友之情、父母之情、手足之情、夫妻之情。大師在
百感交集，一方面歡喜，一方面也不捨，很複雜的心態
當中，寫出「悲欣交集」四個字交給妙蓮法師，並且咐
囑、交代他該如何處理後事。
　　弘一法師是近代中國藝術界的重要人物及早期先驅
之一。他將油畫、鋼琴、話劇等引介入中國，同時擅長
於書法、詩詞、國畫、音樂、篆刻、文學、金石學等。
　　弘一法師所填的詞〈送別〉：「長亭外，古道邊，

芳草碧連天」，這是他寫給自己的好朋友許幻元的一首歌曲，從曲中我們可以聽出很多的離別悵惋心情，也能讓很多人找到共鳴，至今仍廣為流傳。

弘一法師於一九四二年十月十三日圓寂。在圓寂前，他寫偈語給他的好友夏丏尊和弟子劉質平。

> 遺偈曰：
> 君子之交，其淡如水，執象而求，咫尺千里。
> 問余何適？廓而忘言，華枝春滿，天心月圓。

弘一大師病危前曾手書一偈，此詩似乎暗示自己即將不久人世，但詩中所傳達的高曠寧靜，頗值得後人好好品味，尤其是「華枝春滿，天心月圓」的境界，引人低迴。

對於出家半生的弘一大師而言，君子之間的交往正如水清淡，不黏不膩。如果執象而求，看到了事物的表象，便以為掌握了真實或正覺正悟，實際上卻天差地遠。若問我將到哪裡去安身呢？前路廣闊迢遙，四周空曠無際，這樣的感受真真切切，無需言語。但見春滿花開，皓月當空，一片寧靜安詳，那裡就是我的歸處。弘一大師的臨終關懷——由臨終者關懷生者，傳達出至為深切的感動。

渡了五句話

一、凡是你想控制的，其實都控制了你，當你什麼

都不要的時候，天地都是你的。

二、遇見是因為有債要還了，離開是因為還清了，前世不欠，今生不見；今生相見，定有虧欠。緣起我在人群中看見你，緣散我看見你在人群中。如若流年有愛就心隨花開，如若人走茶涼就守心自暖。

三、不要害怕失去，你所失去的，本來就不屬於你，也不要害怕傷害，能傷害你的都是你的劫數。繁華三千，看淡即是浮雲。煩惱無數，想開就是晴天。

四、你以為你錯過了是遺憾，其實可能是躲過一劫，別貪心，你不可能什麼都擁有，也別灰心，你不可能什麼都沒有。所願所不願，不如心甘情願。所得所不得，不如心安理得。

五、你信不信，有些事上天讓你做不成，那是在保護你。別抱怨別生氣，世間萬物都是有定數的，記住得到未必是福，失去未必是禍，人生各有渡口，各有各舟，有緣躲不開，無緣碰不到，緣起則聚，緣盡則散。

人生八然

面對人生的迷茫，弘一法師曾說：「來是偶然，去是必然；盡其當然，得之坦然；失之淡然，爭取必然；忙時井然，順其自然；悟通八然，此生悠然。」

漂泊於茫茫紅塵中，不如意事常八九，我們作為局中人，若能悟透弘一法師這「八然」，定能使我們在今後的人生中暢通無憂，助我們越來越好！

一、來是偶然

人的生命來自祖先輩基因遺傳的延續，人是被祖先輩的基因「偶然」選擇出來的。

既然偶然來到這個世界，即使不能像名人學者一樣留下些什麼，也要努力過好自己的小日子，不枉來這珍貴的人間。

尼采說：「每一個不曾起舞的日子，都是對生命的一種辜負。」

煙火人間，來之不易，春回大地之時，熱愛生活，珍惜擁有，你就是最幸福的那個人。

二、去是必然

生命是從生到死的過程，從出生的那一刻起，就註定會遇見死亡。與其憂心必然要來的結局，千方設法增加生命的長度，不如從現在起豐盈生命的寬度。

往事不可追，來者猶可憶，每一個今天都是生命中最年輕的一天，每一個當下都是手邊能夠把握的時光。

不刻意追逐，不盲目攀比，做正知的事，走正見的路，遠近相安間，才是自由的呼吸。

三、盡其當然

古人說過：「時也，命也，非吾之所能也。」

茫茫世事，人算不如天算，當下的事盡力做好，擁有的人自當珍惜，畢竟誰都不能預料明天是什麼情況。

有句話說得很好：「但行好事，莫問前程。」

一個人以一個積極的心態去面對生活，生活才能充滿陽光；一個人以一個高尚的品行去識人待物，福氣才會越來越多。

四、得之坦然

佛家常有因果之說，你種什麼樣的因，則會得什麼樣的果。若種善因，則有善果，若種惡因，則有惡報。

在自己得到某樣東西或達到某種成就的時候，應做到坦然接受，問心無愧，既然為之努力了，得到也是必然的結果。

如果是無緣無故獲得好運或是中了大獎，也不應被狂喜衝昏了頭腦，要保留一顆平常心，坦然應對，該做什麼就做什麼。

心若不動，風又奈何；你若不傷，歲月無恙。

五、失之淡然

世上沒有不散的筵席，某些事物不會一輩子為你所擁有，人對之只能感到無奈，連毛澤東在面對林彪叛逃時，都說了一句：「天要下雨、娘要嫁人，隨他去吧！」

雖然無奈，但該做的都做了，實在不行也沒有辦法，只要自己問心無愧就行。

許多東西我們也許曾經擁有：年輕、美貌、財富、權勢，但隨著時光的流逝、時事的變遷，它們終會離我們而去。但失去了就失去了，明天的生活還要繼續，只要我們擁有一顆年輕快樂的心，生活依然是美好的。

六、爭其必然

《道德經》中曾說：「夫唯不爭，故天下莫能與之爭。」

世道常教人不爭，但弘一法師卻說：屬於自己的，一定要去爭取！

在不影響別人利益、正當合理的情況下，為自己爭取更好的前途，為家人爭取更好的生活，都是合理合法且合乎心意的。這並不意味著自私，既然有才學，就應當為國家社會做出貢獻，既然有潛力，就應當為以後的生活努力奮鬥。

一味謙讓並不會讓別人記住你的好，時而露些鋒芒，才能在這複雜的人間活得更好，爭而不過，才是最好的狀態。

七、忙時井然

生活中，可能很多人都曾有過這樣的感受：在雞毛蒜皮的日子中，忙忙碌碌的狀態並沒有讓自己變得充實，反而會引發焦躁的情緒，人的狀態也因此越來越糟糕。

其實，每個人都應該有自己做事的節奏，面對要做的事情，操之過急，或者停滯不前，都不是最好的選擇。

好的生活是忙的時候井然有序，不自亂陣腳；閒的時候自然而然，不顯得無聊。

在自己的節奏裡，悠然地完成每一件小事，人生才能走得更從容。

八、順其自然

四季輪迴，周而復始，萬事萬物都有它內在的執行規律，我們只能順應而行，在合適的時間做合適的事。

年有春夏秋冬，月有陰晴圓缺，一如人的一生，既會經歷年輕力壯、精力充沛的青壯年時代，也會度過稚嫩的幼年和孱弱的老年，這都是隨著年齡的增長而必然經歷的過程，不可能中途停留，也無法重新來過。

生活總有許多的不如意，我們也常感到有心無力，大可不必強求，順其自然，就像無門慧開禪師的那首詩：

春有百花秋有月，夏有涼風冬有雪。
若無閒事掛心頭，便是人間好時節。

懷著一顆平常心，不去糾纏，不去悵惘，不去在乎人生的得與失，順其自然，已是最好！

人生在世，若能做到這八然，便能笑看繁華世事，靜對春花秋月。保持從容坦然的人生心態，不苛求不屬於自己的東西，不期盼不屬於自己的人。隨遇而安，順

其自然，好運自然隨之而來！

　　人生是一場不斷體驗與告別的歷程。這「八然」是
弘一法師在走過了精彩豐富的人生旅途後深刻的感悟，
看似簡單卻不簡單的人生哲理，字裡行間充滿了禪意。
弘一大師說：「悟通八然，此生悠然。」人生來也空、
去也空，但行好事、莫問前程。若能看開、看透、看
淡，便能笑看人生。

人生最大的敵人就是這三個字： 「奢」、「逸」、「驕」

　　晚清重臣曾國藩的家書：「家敗離不得個奢字，人
敗離不得個逸字，討人嫌離不得個驕字。」

　　的確，曾國藩時常將這句話警醒自己並訓誡後代，
一來成就了自己，被世人稱為「千古第一完人」；二來
成就了家族，使得曾家後代從未出過敗家子。

一、家敗離不得個「奢」字

　　不論古今皆然，個人、家庭乃至國家，常因「奢」
而敗、而沒落。

　　歷史上因奢侈無度導致滅亡的例子不勝枚舉，其中
紂王「以酒為池，以肉為林，為長夜之飲」，其荒淫腐
化、極端奢侈的生活，終究走向亡國。

　　有奢侈就有節儉，是一體兩面的。諸葛亮在《誡子

書》中說：「靜以修身，儉以養德。」唯有內心安靜方能修養身心；只有依靠儉樸的作風才能培養品德。《朱子家訓》說：「一粥一飯，當思來之不易；半絲半縷，恆念物力維艱。」告誡世人厲行節儉，珍惜來之不易的物質生活。

北宋司馬光雖然官居高位，但在生活上，嚴格約束自己，作風淳樸節儉，「平生衣取蔽寒，食取充腹」，「不敢服垢弊以矯俗於名」。顧「人之常情，由儉入奢易，由奢返儉難」，司馬光雖身具高位，但仍以節儉訓示其子孫，當知勤儉持家治國的道理。

二、人敗離不得個「逸」字

五千年來，中國人對於安逸的認識從未改變，安逸絕不是人生的福祉！

孟子：「生於憂患，死於安樂。」中國歷史興亡之道，綜觀歷史上朝代更迭均與此有關，亦留給後人經驗和教訓。

北宋歐陽修：「憂勞可以興國，逸豫可以亡身。」指的是憂慮勞苦才可以振興國家，圖享安逸必定禍害終身。古代聖賢經書都強調這一點。但這也是一種矛盾，因世界上大多數人都在追求安樂，卻不知安樂隱藏危機，只會讓我們退化。而憂勞雖然令人不悅，卻可砥礪人性提升素養。

所以，《周易・繫辭》：「天行健，君子以自強不

息。」提及人只要活著，就應該學會從憂勞困苦中磨練自己，而不應該沉迷於安樂。

三、討嫌離不得個「驕」字

俗話說：「勝不驕，敗不餒。」意思是說取得勝利或成功的時候，決不可驕傲；遇到挫折與失敗後，決不能氣餒。

所謂：「滿招損，謙受益。」驕傲自滿會招來損失。人一旦驕傲，如水杯的水裝滿了，也就自以為是，聽不進他人的意見。因此時間一久，就失去向上提升的動力；人一旦驕傲，必然會目中無人，對周圍的人頤指氣使。人與人之間的相處，貴在相互尊重，驕傲自大的人很難與其相處。所以人一旦有了驕傲之心，必然會在各個方面放鬆警惕，因此，失敗自然接踵而至。

心學宗師王陽明曾說：「今人病痛，大段只是傲。千罪百惡，皆從傲上來。」

在西方，莎士比亞也曾經說過：「一個驕傲的人，結果總是在驕傲裡毀滅了自己。」中西的智慧在這一點上是相通的。

「驕」的另一面是「謙」，曾任美國史丹佛大學校長16年、現任Google母公司Alphabet董事長的約翰·漢尼斯（John Hennessy）的著作《這一生，你想留下什麼？史丹佛的10堂領導課》，談的第一堂課就是「謙虛」（Humble）。因人外有人，天外有天，人應以更

謙虛的態度去面對人生，方可為你的成功打下更好的基礎，或持續維持已成功的職涯。

《心理安全感的力量》一書的作者艾美・艾德蒙森（Amy Edmondson）是哈佛大學商學院諾華領導力與管理學教授，她強調，領導者要放下架子，勇敢成為「有所不知者」，因每天都有新知識與資訊出現，領導者不可能全知全能。因此，領導者若能在員工面前保持謙虛，讓員工敢講真話，將更有助組織的成長與發展。

哈佛大學企管碩士，楊百翰大學博士，富蘭克林柯維公司創始人之一的史蒂芬・柯維（Stephen R. Covey）在其所著《第三選擇》（*The 3rd Alternatives*）一書中，提及因為每個人都有盲點，這種盲點，讓我們更謙遜、更加追求第三選擇。而自覺為我們帶來選擇的能力、創造力與良知，使人類更加自信、更加美好。

古人常說：「謙卑者其實最高貴」。君子懂得謙讓，因此行萬里也會路途順暢。反之，小人好爭鬥，因此還未動步，路已被堵塞。

謙是一種低姿態，也是一種態度，你越是謙虛，就越有可能贏得別人的心。

曾國藩期勉的「奢」、「逸」、「驕」三個字確實可為現代人如何持家、做人、處世、甚至治國，提供一帖邁向人生新境界的良藥處方。

國學大師南懷瑾：「人生的10個感悟」

人生第一悟

聚散不由人，得失天註定。

命裡有時終須有，命裡無時莫強求。

順其自然，想要的都會來，一切隨緣，是你的終會出現。

即凡事不強求，隨順因緣。

人生第二悟

煩惱天天有，不撿自然無。越計較，越痛苦；越大度，越幸福。把心放寬了，大事變小；把事看淡了，煩惱就沒。

即凡事不計較，要有宰相肚裡能撐船的胸襟。

人生第三悟

來，不是我們所想；去，不由我們所願。

生而為人，既然不能決定生死，那就享受「過程」，活好「當下」。

人總認為來日方長，但卻忘了世事無常；因我們不知道是無常先到或明天先到。過去已過去了，我們改變不了過去，未來也無法預知，但可以把握今天。因此，要專心集中精力在今天，把今天的工作做好，好好把握並珍惜「活在當下」，古人秉燭夜遊，良有以也。

人生第四悟

　　　　平安健康是財富，無災無難是幸福。
　　　　別把金錢看太重，人走以後都是空！
　　　　健康的活著，就是福氣；平安的終老，就是成功。

　　即健康平安最重要，每天一早起床眼睛張開時，因還平安，感恩還活著。當然，人在睡夢中無病痛的辭世，也是一種幸福，另一種福報。

人生第五悟

　　　　愛占便宜的人，最終會吃大虧；
　　　　願意吃虧的人，最後會得好處。
　　　　能吃虧的人，人緣好，機遇多，
　　　　所以吃虧是福氣，做人別貪圖。

　　即吃虧就是佔便宜。

人生第六悟

人品永遠大於能力，良心永遠貴過黃金。
人品好，一切都好，良心在，福氣常伴。

即人品至上，以善念善心待人，福氣自然相隨。

人生第七悟

不說，是一種智慧；不爭，是一種修行。
沉默是成熟的表現，不爭是大度的證明。

即沉默是金。

人生第八悟

所有的遇見，都是有原因的。
無論你遇見了誰，都要好好「善待」，
前世的因，後世的果，若無相欠，何來相見？

即今生相逢自是有緣，因此，廣結善緣！

人生第九悟

凡事不要太計較，做人不要太貪圖。

知足，才能無愁；簡單，才能快樂；

放下，才能輕鬆；釋懷，才能舒服。

即知足常樂，學會放下的態度。

人生第十悟

人生只此一次，生命只有一場。

能活著，便是榮幸；還活著，就是贏家。

別比錢多錢少，無病無痛就好；

別比富裕貧窮，開開心心就行……

即開心就好，因生不帶來，死不帶去，佛語：「萬般帶不去，唯有業隨身。」業又有善業、惡業之別，當一個人造下業之後，就會招感未來的惡果，從業的因到業的果，也就是說由業力與外在環境配合形成的果報，這就是所謂「業力」。俗話說：「善有善報，惡有惡報，不是不報，時機未到。」生命短暫，我們只是過客，把握當下，健康平安的過每一天就是王道。

王陽明的「盡性、知命」

在中國，被稱為聖人的，至今也就兩個人，一位是孔子，這個想必大家都知道；而另一位就是王陽明，他被稱為「千古第一完人」，能做到立德、立言、立功三不朽。

陽明先生認為只有「勘破生死」，才能達到「盡性、知命」的境界。

陽明先生所著《傳習錄》（238）：

> 學問功夫，於一切聲利、嗜好，俱能脫落殆盡，尚有一種生死念頭毫髮掛帶，便於全體有未融釋處。人於生死念頭，本從生身命根上帶來，故不易去，若於此處見得破，透得過，此心全體方是流行無礙，方是盡性至命之學。

做學問的功夫，要能擺脫掉一切的聲譽名利，個人嗜好，只要有一絲關於生死的念頭，就是心的本體還有未融通之處。人對於生死的念頭，本來就是從自己身體的命根上來，隨意很難去除；如果能在此處看得透，那此心的全體就能暢通無阻，這才是盡性至命的學問。

盡性知命

性為內，命為外，性，指生命的內在部分，是對自己而言的；它雖然也是自然的稟賦，但人們卻能去認知它、改善它、甚至去發揚它，也就是我們常說的人性。命，指生命的外在部分，是對天地、自然、歷史而言的。比如說，沒有人可以挑選自己的父母、出生地、長相或性別，對所有的生命而言，這都是一個外在的限制，這就是「命」。

王陽明看來，一個人修身能達到拋棄一切外物、名譽、嗜好的境界還不能算是最高級的境界，只有拋掉生死的念頭，不再恐懼死亡，這個時候，修行者才真正的達到了「盡性、至命」的境界。

世人常說：「除了生死」都是小事。從出生的一刻起，我們就有了強烈的求生欲望，或者說是求生的本能。克服愛財之心，好名之心，或者某一方面的不良嗜好已經很難了，比這更難的是克服「貪生怕死」之心。如果一個人，勘破生死，這個人就徹底大徹大悟，全體流行無礙。此時他們做事情，完全按照良知的指引，如行雲流水，順乎自然。此時他才真正的掌握了「盡性、至命」之學的真諦。

綜上，其實陽明先生給我們指明了修行路上的各種障礙，以及我們修身的終極目標。這樣我們就可以清楚的知道目前處於哪個層次。

人如果要跳脫世間的名譽、金錢、生死等，實非易事，唯有不斷的修行，才有機會體悟超脫世俗的境界。

走出逆境的一句話

如果你聽到內心深處有個聲音在說「你不能畫畫」，就想盡辦法一定要畫，然後那聲音就會消失無蹤。（If you hear a voice within you say, "You cannot paint," then by all means paint, and that voice will be silenced.）

梵谷很多時候都是如此，你嘗試過，才會發現事情沒有你想象中困難。

荷蘭印象派畫家梵谷（Vincent van Gogh，1853年3月30日－1890年7月29日）。他是表現主義的先驅，並深深影響了二十世紀的藝術，尤其是野獸派與德國表現主義。梵谷的作品，如〈星夜〉、〈向日葵〉和〈有烏鴉的麥田〉等，現已躋身於全球最具名、廣為人知藝術作品的行列。

佛曰：「人生最大敵人乃自己。」在一生中，我們會遇到各種各樣的敵人，各種各樣的困難。然而，這些卻都不是我們前進途中最大的敵人。人生最大的敵人是自己，如果不能超越自我，那麼根本不可能會全力以赴地去實現自己心中的夢想。

閱讀

養成終生閱讀的習慣，在這個忙碌的時代，很多人都不太看書了，甚至輕視閱讀的重要性，畢竟有太多的事可以做可以忙。微軟創辦人比爾蓋茲每年都會看約五十本書，平均每週閱讀一本書，大家是否好奇比爾蓋茲如何能在百忙中依然可以有那麼高的閱讀量呢？

實際上，有很多的文章都曾介紹蓋茲看書的四個方法：一、閱讀時，在書中每一頁的邊緣做筆記。二、讀書不能只讀一半，精華往往在後頭。三、每天強制自己最少空出一小時閱讀。四、不管是電子書還是紙本，最重要的是什麼最適合自己。

所謂：活到老學到老。研究顯示，成功的人都有一個共同點：喜愛閱讀。股神巴菲特每天閱讀600到1000頁，巴菲特說：「如果你針對自己感興趣的主題，找出二十本書去閱讀，你一定可以學到許多」；Facebook創辦人馬克・祖克伯在2015年就下定決心每兩週要看完一本書；NBA小牛隊的老闆 Mark Cuban 每天花超過三小時閱讀；美國名主持人 Oprah Winfrey 每個月會向她的粉絲推薦一本她最愛的書；而鋼鐵人 Elon Musk 甚至透過閱讀學會如何建造火箭！

莎士比亞的名言：「生活裡沒有書籍，就好像沒有陽光；智慧裡沒有書籍，就好像鳥兒沒有翅膀。」閱讀的好處很多，如精神刺激、減少壓力、吸收知識、改善

記憶，及思考分析能力等，所謂如人飲水，冷暖自知。

　　文學大師林語堂痴迷讀書，且涉獵極廣。在上海聖約翰大學念書時，館內藏書5,000冊，他全都借閱過。幾年後去哈佛大學讀碩士，他更把衛德諾圖書館比作「蟠桃盛宴」，自己則是那隻迫不及待想吃桃的猴子。他最喜北宋詩人、書法家黃庭堅的一句話：「三日不讀書，便覺語言無味，面目可憎。」可見他對閱讀的重視程度。

　　巴菲特‧洛桑加參是知名身心靈預防的醫學專家，強調培養健康體質的七種方式，其中之一就是學習，透過學習，將成就一一解鎖。看著自己越來越厲害，這還能不快樂嗎？人類是全世界唯一一種會因為獲得知識而感到愉快的物種，好好利用這點，不管是上網學、看書學、找老師學、自學、偷學，愛怎樣學都可以。閱讀等於為自己的健康加分。

　　《天下雜誌》曾報導，學習會讓你活得更久，耶魯大學研究人員曾做一項年齡超過五十歲人的閱讀習慣，發現每天閱讀三十分鐘的人，比根本不讀書的人平均多活了二十三個月。我認為重要的應該是活得更健康，讓生活更有品質。

　　所謂：「學如逆水行舟，不進則退」。閱讀的內容範圍儘可能要廣，不要僅局限於自己所熟悉及瞭解的題材，方可吸收更多的知識養分，觸類旁通，增加智慧。多年來，我有買書及閱讀的習慣，但買書未必需要當下即讀它，可依自己的時間分配，甚至可作為未來的工具

書，需要時再翻閱。此外，我會依據書的內容性質搭配閱讀有關政治、經貿、管理、歷史、心理學、古詩詞、現代詩、文學、散文、小說、自傳、回憶錄、中英文雜誌、中英文報紙、《易經》、風水、奇門遁甲、《大六壬》、《鬼谷子》及《孫子兵法》等，有硬有軟搭配其中，在工作之餘，找到自己的閱讀節奏，享受及陶醉在閱讀的喜悅，從中也增長知識及智慧。

現在全省的鄉鎮市都有圖書館，借閱書報雜誌等相當方便，倘你有預算的考量，可善用圖書館的資源，且大多數圖書館將書放在PDF或ePub格式，讓你可以用電子方式閱讀器閱讀，相當的方便。

所謂的「閱讀的人經歷了一千種人生，從來不閱讀的人只經歷了一種人生。」閱讀可以累積你的知識經濟與智慧資本的競爭力，因此，養成終身閱讀的習慣，既充實、快樂又健康，何樂而不為。

茶不過兩種姿態：浮、沉。

飲茶人不過兩種姿勢：拿起、放下。

人生如茶，沉時坦然，浮時淡然，拿得起也需要放得下。

茶律：

人一走，茶就涼，是自然規律；

人沒走，茶就涼，是世態炎涼；

人走了，茶不涼，是人生境界。

一杯茶，

佛門看到的是禪。

道家看到的是氣。

儒家看到的是禮。

商家看到的是利。

茶說：

我就是一杯水，給予的只是你的想像，

心即茶，

茶即心。

杯空香氣來，

心空福祿至。

再香的茶，不能隔夜，隔夜則壞；

再美的回憶，不要經年，經年必累。

時時清洗茶杯，杯有清氣，入茗必香；

每天清空心事，心有餘閒，幸福自來。

捨不得清洗昨夜的香茗，必然喝壞今天的腸胃；

放不下既往的人事，難免有損當下的幸福。

空杯心態，

讓往事安眠，

讓當下幸福。

　　侍茶師張舒涵說：「柴米油鹽醬醋茶」是再日常不過的存在，但「琴棋書畫詩酒茶」又是古代文人的七

大雅事，「這14件事情中，唯一重疊的就只有茶。」可見，茶在中國飲食文化的重要性不言而喻。

張舒涵至盼：「讓這個下至農產品、上至能承載文化精神的載體，走入年輕世代的心」。

人生洽似茶中味，苦澀香甘品自明。願大家的心境如茶一樣，清靜、清香、清澈。

領悟及珍惜三樣東西

三樣東西一去不復返：時間、生命、青春。

三樣東西毀掉一個人：脾氣、傲氣、小氣。

三樣東西永不放棄：童真、理想、希望。

三樣東西最無價：愛情、善良、友誼。

三樣東西最無常：成功、財富、夢想。

三樣東西成就人：天時、地利、人和。

三樣東西要珍惜：父母、孩子、眼前人。

三樣東西做事情：目標、方法、改善。

三樣東西交朋友：誠信、奉獻、無私。

三樣東西把握好：機會、人生、婚姻。

三樣東西得到快樂：知足常樂、助人為樂、自得其樂。

瞭解上述的三樣東西，創造美好的人生。

三寶

天有三寶：日、月、星。
地有三寶：水、火、土。
人有三寶：精、氣、神。
成功有三寶：天時、地利、人和。
說話有三寶：請、謝謝、對不起。
處世有三寶：謙虛、禮讓、讚美。
修養有三寶：淡定、仁慈、自省。
家庭有三寶：和諧、互愛、溫暖。
人心有三寶：真實、善良、寬容。
快樂有三寶：多笑、知足、感恩。
健康有三寶：清潔、能吃，會睡。
瞭解三寶，快樂過一生。

彼此成就

自渡是一種能力、渡人是一種格局。
愚者互撕，寸步難行；聰者搭橋，渡人渡己！
人與人之間的最好關係，就是彼此成就！
成為有價值的人比成為成功的人更重要。

恨，能挑起爭端；愛，能遮掩一切過錯

一個人不能控制住自己的脾氣，又如何能控制住自己的人生。

老子《道德經》：「禍兮，福之所倚，福兮，禍之所伏。」人生福禍相依，決定是禍還是福？不是事件的本身，而是處理事件的人。處理得好，危機變成了轉機；處理不好，樂極而生悲。

情緒的失控，只會帶來更多的危機和風險，讓原有的處境變得更加艱難。

情緒的掌控，才能阻止危機擴大，更有效率的掌控狀況並思考解決辦法。

當面對逆境或不如意時，如何轉念至為重要。賴佩霞女士在其所著《轉念的力量》一書中告知如何轉念及「轉念功課」的方法，以轉念的力量，不被念頭綁架，選擇你的人生，讓心靈重獲自由，以達到人生的目標。

「十年磨一劍」的下一句是……

「相信很多人都聽過這麼一句話，那就是「十年磨一劍」，意思是說，某一個人用了十年的時間只是做一件事情，而且還把這件事情，做得非常漂亮，非常的成功，這也就是人們所說的「十年磨一劍」。這句代表著一個人對於成功後的喜悅，也代表了人們渴望成功的一

個心情。

　　其實這句話是出自賈島的詩《劍客》：

　　　　十年磨一劍，霜刃未曾試。
　　　　今日把示君，誰有不平事。

　　這首《劍客》給人別具一格的感覺，詩人以劍客的口吻，刻畫「劍」和「劍客」的形象，抒寫自己興利除弊的政治抱負。這是一把什麼樣的劍呢？「十年磨一劍」，是劍客花了十年工夫精心磨製的。

　　詩在這裡側寫了一筆，已顯出此劍非同一般，寫出此劍刃白如霜，閃爍著寒光，是一把鋒利無比卻還沒有試過鋒芒的寶劍。詩在這裡說「未曾試」，便有躍躍欲試之意。現在得遇知賢善任的「君」，便充滿自信地說：「今日把示君，誰有不平事？」今天將這把利劍拿出來給你看看，告訴我，天下誰有冤屈不平的事？一種急欲施展才能，一番事業的壯志豪情，躍然紙上。

　　賈島（779年－843年），字浪仙（亦作閬仙），范陽（今河北省涿州市）人，唐朝著名詩人，與韓愈同時，有詩奴之稱，自號碣石山人。

　　賈島貧寒，曾經做過和尚，法號無本。元和五年（810年）冬，至長安，見張籍。據說在洛陽的時候，因當時有命令禁止和尚午後外出，賈島做詩發牢騷，被韓愈發現其才華。後受教於韓愈，並還俗參加科舉，但累舉不中第。元和十四年（819年），韓愈抵潮州（今廣東

潮州），致信賈島，賈島作《寄韓潮州愈》詩給韓愈。
長慶二年（822年）舉進士，以「僻澀之才無所用」。

賈島被稱為苦吟詩人，他有時候為了一個句子，往
往可以琢磨上好幾年，這也就使得他的詩與別人的詩完
全不一樣，他的這首《劍客》就寫得非常的大氣磅礴，
讓人讀了之後，心潮澎湃。「十年磨一劍」，一個人如
果想要成就一番大事，不管現在處於什麼樣的處境，也
不管周圍的人是在用什麼樣的眼光看待自己，只要自己
能夠一心一意地去努力，只要在十年後，能夠做出一番
成就來，那麼一切也都無所謂了。

此外，成語「梧鼠技窮」，語出戰國時的《荀子‧
勸學》：「梧鼠五技而窮，五技謂：能飛不能上屋，能
緣不能窮木，能游不能渡谷，能穴不能掩身，能走不能
先人。」全篇運用了許多生動的比喻，論述關於學習的
目的、態度和方法等問題。其中在談到學習要專一精
深、切忌自滿於一知半解，因「螣蛇無足而飛，梧鼠五
技而窮」。主要是提醒人們不要博而不精，也就是技能
雖多而不精。

俗語說：「台上三分鐘，台下十年功。」而台下十
年功是句成語，出自「台上一分鐘，台下十年功」，意
思是在台上表演的時間只有一分鐘，但為了台上這一分
鐘的表演，需要付出十年的努力，用來形容只有刻苦努
力，才能取得成功。

現代人學習環境好，也培養蠻多的興趣，所謂的斜
槓人生，但常常博而不精，多年後仍無法成為專業、專

家或權威。因此，興趣廣泛雖然很好，但要從其中挑一至二項深入研究，方可在或十年後磨成一劍，邁向成功之路並成為專家或權威。

這也是讀賈島的這首詩，能夠從中明白的一個道理，正所謂天生我材必有用，每一個人來到這個世間，都是獨一無二，只要做任何的事情，都能夠用心持之以恆的話，沒有什麼事情是做不好，而且最後一定是會成功的。

終身受用的四句話

第一句：不生無用之氣

所有的氣都是你自找的，實在沒有必要拿別人的錯誤來懲罰自己，因任何的氣都是有毒的，只要你生氣了，一定會損傷你的身體。實際上，所有的病都是自己氣出來的，只要你能做到不生氣，你就是贏家。當你想發脾氣的時候，一定要記住這句話：「弱者易怒如虎，強者平靜如水。」脾氣每個人都有，生氣是一種本能，但如何不生氣，壓得下去才是真本事。情緒就像心魔，你不控制它，它便吞噬你。一個人情緒穩定的背後，是實力，也是格局。簡單的事不爭吵，複雜的事不煩惱。發怒時儘量不講話，先沈澱，生氣時不決策。

第二句：不炫無妄之富

不是發了財，有了錢就可以炫，而是沒有任何一種富是值得你炫耀的。所有的得捨都是一種膚淺，所有的炫耀都可以招來災禍，所有的顯擺最終都沒有好的結果。富貴而驕，自遺其咎，說的就是這個道理。真正大徹大悟的人都明白，任何人都是財富的過客，無論你有多少錢，也就是過路財神，臨走的時候，你都得給這個地球留下，一分也帶不走。

第三句：不爭無畏之理

不是非得把理爭出個對錯，而是沒有任何的理值得你去爭。所有的理，出發點都是站到自己的角度上的，你是爭不明白的。爭贏了理，輸掉了人，最終把人也給爭沒了。所以，真正活得明白的人，只要能夠過得去，不必要太認真，不必要太執著。

第四句：不貪虛妄之念

不是別人過得都比你好，而是根本就不值得你去羨慕。誰家的鍋底沒有黑，誰家的地上沒有灰，只是多少而已，誰家的夫妻不拌嘴，只是會不會過而已。你看別人比你強，身後還不如你。別總是想著事事周全，走

不出自己的執念，走到哪裡你都是自己的囚徒，放下隨緣，你才能活成自己的宮殿。餘生，願你不生無用之氣，不炫無妄之富，不爭無畏之理，不貪虛妄之念，知足常樂，少欲安康。活出你自己生命的精彩。

績效考核模型

　　不論公部門，或是私人企業，或非政府組織，或公私合作等，每一個計畫皆可以IOOI即Input（投入的資源）-Output（產出的內容）-Outcome（成效）-Impact（影響）作為評估的標準，以獲得具體的成果及對社會產生的影響力。

　　《商業周刊》執行長郭奕伶曾在〈疫情時的後勤進化論〉一文中說：「即使在承平時期，後勤單位也容易陷入生產者導向，而非以使用者為中心。從工作報表可以看出，生產者導向就只呈現自己的「產出」（output），而非對用戶產生的成效（outcome）。」

　　郭執行長言下之意，後勤單位，不論在公部門或私部門皆應與時俱進，調整並提高後勤單位的價值，否則，不進則退，不進化，就被淘汰。

　　我認同郭執行長的與時俱進的看法，讓我想起在新加坡工作期間，新加坡政府官員自我勉勵很常用的一句話：「與時俱進」。新加坡因人口少，約五七〇萬人、面積小，七一七平方公里，約二.六四個台北市大、又無天然資源。因此，政府頗具危機感，凡事未雨綢繆，二

○二三年的國民所得逾九萬美元，各項經濟指標表現優異，或許「與時俱進」這句話是造就今日新加坡成功的原因之一。

這也讓我想起美國傳奇創投家約翰‧杜爾（John Doerr）所著《OKR做最重要的事》一書，杜爾如何運用「目標與關鍵結果」（OKR：Objectives and Key Results），前者代表你想達成「什麼」，後者則是你該「如何」達成，書中說明OKR有四大超能力：

一、專注投入優先要務
二、契合與連結，造就團隊合作
三、追蹤當責
四、激發潛能，成就突破

杜爾說，這套方法能幫助所有人、家庭、組織、甚至政府，為真正重要的事物而戰。

總之，倘能運用績效考核模型，將每一個計畫或專案導入該模型，並輔以OKR，且隨時注意「魔鬼藏在細節裡」，無疑處中有疑，前事不忘後事之師，相信將可達到所預設的目標，邁向成功之路。

乾隆皇帝的養生四字訣

乾隆皇帝在位六十年，執政時間僅次於祖父康熙，因養身有道，也以89歲之高齡，在歷代帝王中贏得長壽

的美名。面對養生方面的傲然成績，乾隆頗引以自豪。晚年之際，又不遺餘力，結合切身體驗，乾隆皇帝著名的養生「四字訣」：「吐納肺腑，活動筋骨，十常四勿，適時進補。」頗值得我們參考及學習。

吐納肺腑

常言道「一日之計在於晨」，乾隆養生，也是從早開始。每天六點早起，堅持做三件事。一是趁空氣新鮮，做吐納的深呼吸，達到舒活氣血、順暢臟腑之目的；二是保持身體直立，兩眼平視，看遠來保護視力；三是及時大小便，以排泄體內毒素，促進新陳代謝。此外，在日常生活方面，他也非常注意和克制。飲食以新鮮蔬菜為主，喜歡喝茶，適量飲酒，就是「老年人飲食宜淡薄，每兼蔬菜食之則少病，於身有益。所以農夫身體強壯，至老猶健者，皆此故也。」他還認為：「節飲食，慎起居，實卻病之良方也。」

良好的生活作息及健康的飲食習慣對一個人的健康是多麼重要。

活動筋骨

俗話說：「要活就要動」，乾隆可謂身體力行、實踐不停。他熱衷戶外活動，維持鍛鍊，時刻不忘活動，從而自小就擁有強健的體魄。繼承祖父喜好騎射的

傳統，乾隆自幼喜歡巡遊打獵，並喜愛大自然，遊山玩水，更成為其鐘愛一生的嗜好。他曾六巡江南，三臨五臺，神遊大地，東西南北，不知有多少名山大川、古剎名寺，都留下他來來往往的足跡。此外，他平日還有十分廣泛的興趣嗜好，讀書字畫、琴棋詩文，樣樣精通；聽戲、觀燈、看雜耍、玩滑冰，無所不往。他的生活豐富多彩，充滿樂趣，又能修身養性、陶冶情緒，或也是一種與眾不同的獨特養生方式。

十常四勿

乾隆的養生之道，其中「十常四勿」頗為獨到。「十常」為：齒常叩，津常咽，耳常彈，鼻常揉，睛常運，面常搓，足常摩，腹常捋，肢常伸，肛常提。「四勿」為：食勿言，臥勿語，飲勿醉，色勿迷。對一代帝王乾隆來說，能在日常生活中做到，的確令人佩服。

「十常」亦頗符合傳統的中醫理論，且方法簡單易學，老少皆宜。常聽人說工作太忙，實在沒有時間練習。在生活中，亦可利用開車、走路、等紅綠燈、等車或搭乘大眾交通運輸工具時練習，日積月累相信對健康一定有加分的。

適時進補

中國人進補的觀念從古至今未曾改變，但進補需視

每個人的身體狀況而定，季節環境的變化而因人因地而有所調整，以免揠苗助長，適得其反，未蒙其利而先受其害。

由於古代帝王的威權，因此帝王常常追求延年益壽、長生不老，以享受榮華富貴，有的甚至盲目地食用補品，更有走火入魔，輕信道士之言，服用所謂「仙丹」者，亦大有人在。雖然乾隆也十分重視補養，但他卻能做到適時適當，從不亂補。

他經常服用的滋補藥方有以下幾種：龜齡集方、龜齡湯、松齡太平春酒方、椿齡益壽藥酒方、健脾滋腎壯元方、祕傳固本仙方等。從成分來看，這6個長壽仙方多屬於脾腎雙補之品。如龜齡集方，就含有人參、鹿茸等41味中草藥。從功效來看，多屬固本，而「固本」者，即「固腎」也，也符合中醫的觀點，因「腎為先天之本，先天之本既充，體質自當健康矣」。

另一位對養身及中醫頗有研究的北宋宰相范仲淹，也曾有不為良相便為良醫的想法。

范仲淹後來大願得償為官，推動新政，致力國強民富，不過他也沒有放棄良醫夢。他熟讀《素問》，精通醫理，尤其重視「氣」的作用，「看《素問》一遍，則知人生可貴也，氣須甚平也，和自此養，疾自此去矣」；他還研究用藥，同僚韓琦牙痛，他建議視情況用硫黃沫揩塗或用搜風藥，朋友尹洙希望清暑熱，他開出「花蛇散」的方子；有感於當時醫生數量少、水平不高，他建議國子監選派名醫，傳授醫學典籍，培養醫藥

人才。

　　華人頗能接受進補的觀念，常有冬令進補的做法，適當的進補當有助身體健康。

　　陳月卿現為癌症關懷基金會董事長、亦為資深新聞工作者、知名電視節目主持人、暢銷作家及健康養生達人，她所著《時時刻刻微養生》一書中強調，我們隨時隨地皆可養生，養生如複利，只要持之以恆，日積月累，健康的成效自然而然就會顯現。這是一本值得看的養生好書。

　　洛桑加參醫師強調人生最大的財富是健康及快樂，他提出培養快樂體質即健康的七個方法：

一、利他：從利己再利他，逐漸推廣。
二、感謝：內心常懷感恩的心去面對所有的人事物。我每天早上眼睛一睜開，就感恩還活著。
三、自然：多接觸大自然，及接地氣。
四、微笑：所謂一笑解千愁。經常微笑可增強免疫系統，預防老化。
五、學習：學習可訓練正面的思維及能量。
六、社交：多結交朋友，參與社交活動。
七、大善：傳遞善的訊息，從自己做起，再擴散到週邊的親友。

　　此外，培養良好的嗜好，亦有助陶冶心情，對身心靈的健康亦十分有助益。

靜坐—禪定—神通

　　現代人忙於學業、工作、事業、家庭、小孩等，加上手機的不離手，公事私事纏身，忙得不可開交。每天很少抽時間靜下來，學習與自己對話及溝通。你我都聽過靜坐，我在初老以後才開始靜坐，倘時間許可每天早晚各一次，每次約20至30分鐘，時間雖不算長，但其間的受益及感覺蠻好的。

　　楊定一博士所著《靜坐的科學與心靈之旅》中，從物理、生物、神經生理學的當代研究成果，重新以現代和科學的觀點來看靜坐，並結合身心健康原理，探索有效增進智力、認知、創意、促進情緒穩定、創造正面情緒、放鬆心情、強化道德推理、提升自信心的科學途徑。楊博士以其所研究從科學的角度切入並融入靜坐，是從另一層次看靜坐。

　　越南一行禪師著作等身，已出版上百本書，包括四十多本英文書，他所著《不思量的藝術》，其中對靜默的說明，停止內心的噪音，讓生命各種美妙的聲音得以被聽見，然後你將可以開始真實且深刻地過你的生活。書中說明靜默的幾種方式：

一、不斷攝入噪音的生命（A stead diet of noise）：
　　有意識地選擇你想要親近的人事物，是找到更多喜悅空間的關鍵。

二、喋喋不休的思考（Radio non-stop thinking）：
當我們的心喧囂不安時，外在的平靜只是一種
假象。當我們可以找到內在的空間與平靜時，
便能毫不費力地散發平靜與喜悅。

三、如雷貫耳的寂靜（Thundering silence）：靜默
來自內心，而非不語。

四、諦聽（Deep listening）：花些時間以慈悲心聆聽
自己。內在的小孩，聆聽心裡那些吵著要被聽
見的事物，然後你才會知道如何的聆聽別人。

五、寂止的力量（The power of stillness）：你握有
自己的主控權，你是做決定的國王，你走路是
因為你想要走路，在每一步中你都是自由的。

六、專注當下（Paying attention）：快樂不可能是
在未來，這非關信仰，而是體驗。

七、建立連結（Cultivating connection）：依靠自己
的正念呼吸，回到當下，便是皈依我們每個人
內在都有美麗安詳的洲島。

二〇二二年一月二十二日，由一行禪師創建的梅村
正念中心發表聲明，公布一行禪師已於當天在越南順化
慈孝寺「安詳圓寂」，享耆壽九十五歲。

靜坐的幾個基本原則如下：

一、眼閉

二、呼吸自然

三、全身放鬆

四、腰挺直

五、心無雜念

六、觀想兩眉中間

七、面帶微笑

八、臉略低及身體微前傾

每天靜坐的好處

保持心靈平靜，有益身心健康。打坐時，我們的身體會處在安靜的狀態，連帶致使心念平靜、專注，這樣的狀態可以使身體能量充足、平衡、經絡通暢，有些疾病的症狀會慢慢恢復，乃至消失，對身心健康能產生諸多好處。

各項科研成果已經證明，每天打坐並長期持續能帶來以下好處：

一、緩解腰痠背痛

二、改善睡眠品質

三、緩解急躁易怒的脾氣

四、排出身體毒素

五、降「三高」

六、美容養顏

七、增強記憶力

八、提升免疫力

剛剛開始靜坐的人，雖心想無雜念，但仍常有世俗的念頭進來，此時，即觀想兩眉中間，試著放空，偶爾會有光或異像出現，過程感覺蠻紓服的。

現代人因為受到妄想、分別心及執著等因素的影響，常常蒙蔽我們通往禪定及神通的道路。因此，如何學會放下，進入禪定，並找回神通，這需要看每個人的修練及功力。

所謂禪定：身心安靜到一定程度，可能進入如夢似幻的狀態，看到美妙的景色，感受到舒服、喜悅，但部分人也可能看到可怕、不舒服的畫面。無論看到的是好是壞，都是一種禪境的展現。

基本上，若打坐時還有知覺、有感受的階段，代表你只是進入比較深的「禪」的狀態，但還沒有達到入定的境界。真正入定後，你將會什麼也不會看到、什麼也不會感受到，彷彿這一段時間平白無故從生命中消失了，有一種忘我的境界。

佛家以為人人皆可成佛，世人亦可透過三明及六通，修練達到神通的最高境界，其中三明是宿命明、天眼明及漏盡明，六通是宿命通、天眼通、天耳通、他心通、神足通及漏盡通。如人飲水，冷暖自知，打坐參禪是理解宇宙從無到有的智慧，也是一種修行，暫不論靜坐的好處及是否可修練到神通的境界，重要的是感受及享受靜坐的寧靜過程及身心靈放鬆的感覺，進而達到健康的狀態。

君子之交淡如水

俗話說：「君子之交淡如水」，但是，我們通常說的只有上半句，殊不知它的下半句才是精要所在，卻鮮有人知！那就是「君子之交淡如水，小人之交甘若醴。」這句話出自《莊子・山木》「君子之交」，源於互相關懷的情誼。

大概意思是說：君子之間的交情無猜疑，猜疑心就像水一樣清淡，小人之間的交往，多數為過河拆橋，只是基於酒肉的交情。

在民間小說中，當薛仁貴功成名就、衣錦還鄉時，無論是朝中權貴、地方的仕紳，都競相想要討好他，獻上了無數金銀財寶、珍稀的古玩字畫。但生性儉樸的薛仁貴一概拒絕，他唯一收下的禮物是山西當地鄉親也是他的結拜兄弟王茂生的兩罈美酒。當他正準備打開痛飲一番時，卻發現罈裡竟是清水⋯⋯

酒

「王茂生進酒」是一部潮劇的名字，也是潮汕地區的一句俗諺。潮汕人用這句俗諺來比喻君子之交淡如水，也用來形容那些前貧窮後富貴，不忘舊友的品質。你可知道，這句俗諺來自唐朝名將薛仁貴與平民王茂生之間的故事。

薛仁貴，名禮，字仁貴，山西人，他是南北朝時期名將薛安都之後。但到唐朝貞觀年間，已經家道中落，生活貧困。薛仁貴長得一表人才，年少的時候便臂力過人，學得一身好武藝。

生活難以為繼，恰逢唐帝征遼東，便報名投軍。到了軍隊後馬上嶄露頭角，戰功赫赫，唐朝初期的疆域擴張，叛亂平定，幾乎都有他的身影。他在歷史上留下了「三箭定天山」、「神勇收遼東」、「脫帽退萬敵」等傳奇故事。當時軍中有歌曰：「將軍三箭定天山，壯士長歌入漢關。」如此一位大唐戰神，會與名不見經傳的小人物王茂生有什麼交集呢？

少年英雄

薛仁貴出身山西絳州，本是名將之後，但不幸遭遇變故，少年時就父母雙亡，過著貧困的日子。在窮困潦倒之時，得到了鄰居王茂生夫婦的救助，供給他三餐，還讓他有了一份在當地富商柳員外家中的苦力工作，王茂生不嫌棄清貧的薛仁貴，還與他結為異姓兄弟。

俗話說：「君子之交淡如水，小人之交甘若醴。」什麼樣的朋友值得深交：淡如水。淡如水的友誼一定是平等的，相視而笑，莫逆於心，長長久久，歷久彌新。

宵與夜的區別及宵夜

　　宵和夜是有區別的，很多人不知道。古人惜字如金，宵和夜如果沒有區別，那就沒必要造兩個字了。

　　這兩個字的區別之處就在於，月亮的升降起落不同，叫法就不同。

　　晚上有月亮的時候，就叫宵；晚上沒有月亮的時候，就叫夜。每個月的十五是月亮最圓的時候，所以正月十五叫元宵節，而不叫元夜節；初一和三十是看不到月亮的時候，所以大年三十吃飯，叫年夜飯，而不叫年宵飯。

　　此外，「吃宵夜」是指在夜間吃點心，習慣上用「宵」字，但如果你在報章雜誌媒體上看到寫成「吃消夜」，可不要以為是寫錯字，其實那不是錯字，因「宵夜」與「消夜」是相通的。宵與夜二字連在一起仍是夜的意思，如唐朝方幹的〈冬夜泊僧舍〉詩：「無酒能消夜，隨僧早閉門。」元朝孟漢卿的〈魔合羅第一折〉：「他有那乞巧的泥媳婦，消夜的悶葫蘆。」

輪迴 —— 黃庭堅〔宋〕

　　黃庭堅的詩書畫號稱「三絕」，與當時的蘇東坡齊名，人稱「蘇黃」，黃庭堅不止有文名，秉性也至孝，他常親自為母洗滌溺器（便桶），就是後來做了

官，也不改其孝行，由於他的孝行，被後人選入《二十四》孝中。

相傳黃庭堅在中進士後，被朝廷任命為蕪湖地方的知州，就任時他才二十六歲。

有一天，當他正在午寐時，做一個夢，夢見自己走出州衙大門，直來到處村莊，看見一個老婆婆站在某門外的供案前，手持清香，口中喃喃自語，類似呼喊某人的姓名。黃庭堅趨前一看，看見供桌上擺著一碗煮好的芹菜麵，香味飄溢，黃庭堅不自覺的端起來便吃，吃完後就走回衙府，等一覺醒來，夢境仍甚為清晰，尤其奇怪的是，嘴裡還留有芹菜的香味。他心中雖然納悶，但並不以為意，只覺得是做了一場夢。

等到次日午寐時，夢境又和昨日完全相似，而且齒頰還是留有芹香味，黃庭堅不禁甚感訝異。於是他遂起身步出衙門，循著夢中記憶的道路行去，令他詫異的是，一路行來，道路的景致竟然和夢中的情景完全一樣，最後終於來到一處人家門前，但門扉緊閉，黃庭堅便前去叩門，一位白髮的老婆婆出來應門，黃庭堅問她，這兩天是否有人在門外喊人吃麵之事。

老婆婆回答說：「昨天是我女兒的忌日，因為她生前非常喜歡吃芹菜麵，所以每年在她忌日時，我都會供奉一碗芹菜麵，呼喊她來食用！」

黃庭堅問：「你女兒去世多久了？」

老婆婆回答說：「已經二十六年了！」黃庭堅心想，自己不也正是二十六歲嗎？而昨天也正好是自己的生

辰，於是更進一步問這婆婆，有關她女兒在生時的種種情形。

　　老婆婆說，她只有這麼一個女兒，女兒在生時非常喜歡讀書，而且信佛茹素，非常孝順，但就是不肯嫁人，後來在二十六歲時，生了一場病死了，當死的時候，還告訴她說一定會回來看她！

　　等黃庭堅進到屋裡，老婆婆指著一個大木櫃告訴他說，她女兒平生所看的書全鎖在裡頭，只是不知鎖匙放到哪裡去了，所以一直無法打開。

　　奇怪的是，黃庭堅那時突然記起了放鎖匙的位置，依記憶果然找出鎖匙，等打開木櫃，在裡面發現了許多文稿，黃庭堅細閱之下，大吃一驚，原來他每次參加考試所寫的文章，竟然全在這些文稿裡，而且一字不差。

　　至此，黃庭堅心中已完全明瞭，這老婆婆就是他前生的母親，於是將老婆婆迎回州衙，奉養餘年。後來黃庭堅在州衙後園建造一座亭園，亭中有他自己的刻像，並且自題石碑像讚曰：「似僧有髮，似俗脫塵，做夢中夢，悟身外身。」

作者介紹及特色

　　黃庭堅（1045年—1105年），字魯直，號山谷道人、豫章先生，晚號涪翁，洪州分寧（今江西九江市修水縣）人，亦自稱為南昌人。北宋詩人、書法家，江西詩派祖師。書法亦能樹格，為宋四家之一。庭堅篤信佛

教，亦慕道教，事親頗孝，雖居官，卻自為親洗滌便器，亦為二十四孝之一。黃庭堅與張耒、晁補之、秦觀都曾習藝於蘇軾，並稱蘇門四學士。一生陷入新舊黨爭，被新黨誣害、流放，官至知州。紹興初年，宋高宗追封其為太師、龍圖閣直學士，諡文節。

黃庭堅一生有抱負，講操守，襟懷曠達，因而身臨逆境仍安貧樂賤，泰然處之。這種生活態度，對戰勝疾病，保持身心健康是有益的。

結語

轉世或轉生是指一個有情之生物體死亡後，其意識、性格特點或靈魂在另一個肉體裡重生。轉世是佛教、印度教、錫克教、耆那教、一些非洲宗教以及很多不同的宗教和希臘哲學的主要和部分信條。大部分的現代非一神教信徒也相信轉世說。

二十一世紀科技進步的時代，也許有些人並不相信生命輪迴的存在，認為輪迴是宗教信仰的範疇，是死亡之後，靈魂取向的事情，和現實生活距離遙遠，「不知生，焉知死」，對輪迴無需賦予太大的關懷。然而當人們遇到、聽到周遭的生死輪迴真實事件後，就不得不相信──死亡之後，生命有繼續流轉的必然性。

如果沒有生命輪迴的存在，冥冥過去從何而來？未來的希望更不知去向何方？生命是何其的短暫無奈，前途是多麼的渺茫無寄！知道有輪迴，人生還有迴轉的餘地，生

命才有下一班車可搭乘，繼續駛向無限光明的世界！

　　許多人相信輪迴的存在，研究輪迴的原理，也有一些人積極地尋找自己的前世，或者正受著業力輪迴之苦而不得其解。佛教對「輪迴」有一番透徹的解析，揭示生命輪迴的奧祕，曉諭世人生命意義的真諦及離苦得樂之道。

　　中西方也有很多輪迴轉世的案例，台灣民間信仰中輪迴轉世的故事時有所聞。佛教勸人為善，善有善報，惡有惡報。《易經‧坤卦‧文言》：「積善之家，必有餘慶；積不善之家，必有餘殃。」

「老牛吃嫩草」的下一句是……

　　「老牛吃嫩草」是形容老夫少妻或年紀大的男士與年輕的女子結婚或在一起的用語，在現今的社會常常可以看見老少配。因此，「老牛吃嫩草」這句民間俗語大家經常掛在嘴邊，但比較少提到「老牛吃嫩草」的下一句，也就是他的來源，其實與北宋大文豪蘇東坡（1037年—1101年）亦有關聯。

　　「老牛吃嫩草」的下一句是「吃雞莫待老」。以前的時代，由於人們養雞卻常常捨不得吃，一直要等到雞無法下蛋，都已經老了才捨得吃。不過，這時候雞的肉太硬，並不好咀嚼，當然也不好吃。因此，才有「吃雞莫待老」。這也提醒人們，花開堪折直須折，莫待無花空折枝。（「花開」一作：有花），也就是把握當下的

時機，該享受的時候就好好享受，難怪古人秉燭夜遊，良有以也。

「老牛吃嫩草」的本意其實很暖心，原因是過去農家的農夫都要依靠牛隻來進行耕作。因此，對牛心存感謝，等到牛老了以後，自然胃口不好，口齒可能也出了問題，這時候農夫就會給牛吃比較嫩的草。此外，老牛在外放養的時候，也會選擇嫩草吃。

「老牛吃嫩草」的男主角是北宋詞人張先（990年—1078年），他生性風流，在詞壇上頗有名氣，較蘇東坡年長約四十七歲，但由於二人有共同的嗜好，喜愛詩詞。因此，結為好友，常有詩詞唱和，可謂以詩詞會友。

蘇東坡曾詩戲張先為「老不尊」

張先或許是生性風流，或許是蕭灑，活得頗健康，八十歲時仍老當益壯，又娶位十八歲的美少女做小妾，豔福不淺，恐讓很多男士羨慕呀！

蘇軾得知張先耄耋之年又走桃花運，便與一些詞友相約來到張前輩家，一來為好友道賀，二來想藉機調侃為尋開心。

眾人到了張府，見了如花似玉的新嬌娘後，每位都以羨慕的眼光注視，其中就有人起鬨一定要張老前輩分享一下八十歲做新郎的感受。張老做豔詩本是拿手絕活，就面帶微笑且高興的說：「我年八十卿十八，卿是紅顏我白髮。與卿顛倒本同庚，只隔中間一花甲。」

蘇東坡看著張老的得意自豪，心想真是臭美，看晚輩如何消遣你，於是脫口帶有揶揄的打油詩：「十八新娘八十郎，蒼蒼白髮對紅妝。鴛鴦被裡成雙夜，一樹梨花壓海棠。」

這首打油詩極具詼諧調侃之意，尤其是句末「一樹梨花壓海棠」，堪稱點睛之句，十分貼切。梨花色白，比喻白頭老翁張先恰到好處；海棠紅豔，形容嬌豔的年輕女子別有一番神韻。一句話把老少配的情景形容得惟妙惟肖，不愧是一代文豪。

1997年，美國拍了一部電影《蘿莉塔》（英語：Lolita），說的是一位中年男人和一個未成年少女的畸戀故事。當時就有人，想必該人的文化素養相當不錯，聯想到張先「老牛吃嫩草」的典故，為這部影片起了一個很典雅又很有中國文學象徵意味的中文譯名——《一樹梨花壓海棠》。

張先活得快活及長壽的祕訣之一，或許與老牛吃嫩草有關，因心情好，人逢喜事精神爽。據瞭解蘋果創辦人賈柏斯因脾氣不好，經常爆怒，情緒起伏不定，無形中傷身。因此，離世時得年僅五十六歲，實在可惜。

現代人生活忙碌，為維持生計打拚，面臨生活及工作上的壓力，常有情緒不穩定的現象，時間一久，導致健康出了問題。因此，如何維持情緒穩定及保持愉悅的心情是身體健康很重要的因素之一。

「得饒人處且饒人」的前一句……

「得饒人處且饒人」溫文爾雅，但前一句卻很狂，鮮為人知。「得饒人處且饒人」的前一句很狂，許多人都不願提及，因此，現代人習慣上常用「得饒人處且饒人」。

中國人在與人交往時，講究中庸之道，不偏激，做事留有餘地，用一句常用俗語來說，就是「得饒人處且饒人」。這句話意思就是，為人處世要寬容、體諒別人，儘量寬恕別人，做事不要做絕，須留有餘地。

「得饒人處且饒人」一句是摘自一首詩的末句，全詩為：

> 爛柯真訣妙通神，一局曾經幾度春。自出洞來無敵手，得饒人處且饒人。

「得饒人處且饒人」雍容嫻雅，但是，它的前一句「自出洞來無敵手」卻很狂，「無敵手」後來成了綠林好漢們的自誇之詞，諸如打遍天下無敵手之類的。

其實，「自出洞來無敵手」說的並不是逞強鬥狠的打架鬥毆，它本意是說棋藝的。詩中的「爛柯」指的是圍棋。這其中還有個典故，說的是晉朝王質的故事，事見南朝梁·任昉《述異記》。

西晉時，有個叫王質的人，有一次到信安郡石室山

（今浙江省衢州市柯城區石室鄉境內）上打柴，見到幾個小孩在下圍棋。王質也喜歡下棋，就站在旁邊觀戰。小孩們邊下棋邊吃大棗，有時也順手把棗遞給王質吃。看完一局棋後，有個小孩突然對王質說：「你為何還不回家啊？」王質俯身去拾斧子，想不到斧柯（斧柄）已經爛朽，只剩下鐵斧了。王質回到村裡，怎麼一個人也不認識了，詢問自己的父母，才知道他們已經死去一百多年了。

後來，石室山又有了個新名字，叫「爛柯山」。再後來，「爛柯」又成為圍棋的代稱。比如，唐代詩人劉禹錫在〈酬樂天揚州初逢席上見贈〉中就有這樣的名字：「懷舊空吟聞笛賦，到鄉翻似爛柯人。」引用的正是上面的那個典故。

上面的詩是首無題詩，作者也沒什麼名氣，只知他是蔡州的一個道士。此事最早見於宋人俞文豹的《唾玉集・常談出處》：「蔡州褒信縣有道人式棋，常饒人先，其詩曰：『自出洞來無敵手，得饒人處且饒人。』」

另外，宋人姚寬在《西溪叢語》對此也有記載：「嘗有道人善棋，凡對局，率饒人一先，後死於褒信，托後事於一村叟，數年後，叟為改葬，但空棺衣衾而已。道人有詩云：『爛柯真訣妙通神，一局曾經幾度春。自出洞來無敵手，得饒人處且饒人。』」

的確，「得饒人處且饒人」是強者對弱者的說詞，因此，如果你是一位弱者，面對強者，恐怕無立場說此話，只能接招面對。

實問虛答:「一朝天子一朝臣」,中了狀元

乾隆十七年,也就是1752年的時候。當時,有一位叫秦大士的人中了狀元。此人姓秦,所以乾隆皇帝就覺得要慎重。為什麼?因為宋朝有位大奸臣叫秦檜,殺害了民族英雄岳飛。秦檜姓秦,秦大士也姓秦,而且,秦檜也是一位狀元。

乾隆皇帝就問秦大士,你真是秦檜的後代嗎?而秦大士確實是秦檜的後代。秦大士當然不敢欺君,那是殺頭的罪。所以只好說:「皇上,一朝天子一朝臣。」

秦大士的意思是宋高宗是昏君,用的人自然是奸臣。乾隆皇帝是明君,自然現在用的人也是忠臣。他不僅為自己免去了麻煩,還抬高了乾隆皇帝。乾隆非常高興,便欽點他為清朝的第43位狀元。

秦大士有智慧的回答技巧如下:

一、巧妙迴避

乾隆皇帝十分喜歡附庸風雅,平時也很喜歡讀《史記》等歷史書籍。所以,秦大士如果直接回答自己姓秦,又正好是秦檜的後人,很容易讓乾隆心生不滿,一不小心,很可能就名落孫山。所以,這個時候,秦大士不直接回答,反而是最有智慧的。

二、維護尊嚴

有人可能會問，秦大士隱瞞出身或者在皇帝面前羞辱秦檜，難道不行嗎？要知道，殿試之前，皇帝肯定已經得到了進士們的戶籍，也就是說，自帶簡歷參加面試。在此情況下，秦大士要是回答自己不是秦檜後人，很容易因為隱瞞而被處以欺君之罪，後果不堪設想。

此外，羞辱秦檜肯定是不行的。秦大士的先祖秦梓，亦是秦檜的同胞兄弟，也就是秦大士的長輩。秦大士如果一直辱罵秦檜，也會因為不孝順而失去自己的名聲。

三、暗捧乾隆皇帝

「一朝天子一朝臣」，意思是說，什麼樣的皇帝，就會有什麼樣的臣子。在讚美乾隆皇帝的同時，也表達了自己的志向。秦大士認為，物是人非，時移世易。勵精圖治的乾隆皇帝和聽信讒言的宋高宗，不可一概而論！秦檜殘害忠良，作為秦檜後代的秦大士，當然也覺得慚愧。但是，秦大士能夠作為殿試的一員，尤其是在乾隆皇帝的領導下，自己一定會是位好官。秦大士技巧地回答在誇獎乾隆皇帝之後，又表明了自己的志向，可以說是既有智慧、又有口才。

此外，秦大士的回答也是一個小小的反擊和諫言，他在暗示乾隆皇帝，不要重蹈宋高宗的覆轍，如果乾隆

皇帝忠奸不分，那麼，秦檜這樣的人恐還會再次出現。

　　不過，一般人不一定會有秦大士這樣的才思敏捷，如果生活中、職場上遇到這樣的難題，一般都會非常尷尬。有的人脾氣暴躁，一旦場面失控，甚至要與對方爭個面紅耳赤，則不但傷了和氣，且還有損自己的聲譽，得不償失。

　　其實，並不是什麼事都需要針鋒相對的去解決，反而要在平時養成閱讀的習慣及累積知識。口才的培養並非一蹴可及，不在於可以說出多少華麗的辭藻，也不在於可以連續演講多長的時間，在現在的職場中，往往需要你在關鍵時刻說出一句關鍵的話，並達到扭轉乾坤的目的，而這句話才是「口才」最重要的用武之地。

幽默是風趣，也是一種體貼

　　優越感與歧視是相對的。人如果表現優異，常常會有驕傲之心，也會覺得自己高人一等，內心就會生出自我的優越感和歧視他人的心態。

　　因此，做人要修的就是：謙虛，不可驕傲。畢竟聞道有先後，術業有專攻，或許在你的行業領域，你是優秀的，但在其它領域，則你未必比別人優秀，因人並非全能，因此，實在不應該歧視他人。

　　此外，當別人對你歧視，因你不能改變別人對你的歧視，但你可以壯大自己，與其不滿對方的歧視，不如提升自己、超越對方，只有超越對方，才是最好的回應。

「幽默」（humor）一詞是由林語堂音譯而成，表示詼諧、風趣之意。每個人生活中都有太多煩惱與不如意，需要幽默這種調味劑，可自娛也可娛人，適當的幽默的確可以為生活增加風趣。不過，資深媒體人黃肇衍指出，林語堂先生對幽默自有一番深刻闡述：「幽默不是滑稽或諷刺，而是對人類富有同情心說出來的話，不失溫柔忠厚的本質，卻能揭穿虛偽和矛盾」。簡言之，幽默的真正內涵是以不刻薄傷人的體貼方式巧妙地表達正確意念。有時藉由「自我解嘲」來轉念或化解尷尬，反而顯出個人的修養，這也是空中大學副校長沈中元提出培養幽默感的第一個方法。

其實，偶爾開開自己玩笑，適當自嘲一下，或許會讓你更有好人緣、且更快樂，國外網站《Lifehack》曾列出以下4個懂得自嘲的人才擁有的優點，頗值得我們參考運用！

一、能擁抱真實的自己

放不下所謂的「偶像包袱」？為了維持形象，活成別人心目中的樣子，只會讓自己活得更累。沒有人是完美的！應誠實接受自己，接納自己的缺點，當你擁有足夠自信心，並能坦然地開自己的玩笑、自嘲時，代表你已能真心接納自己的不完美，面對真實的自我。

二、提升自信心

對自己有所懷疑其實並沒有不好！懂得「自嘲」幽默的人通常較樂觀，能以正向心態面對生活中的各種困難及尷尬，也較能正視自己的缺點，並學會改進。若你擁有能開自己玩笑的幽默，代表對自己有一定的自信心，生活也會過得比較快樂！

三、因為你很真

別人可能會更喜歡你，因為你很真，即使你並非有意，當你取笑別人時，很可能還是會傷到對方。但如果是開自己的玩笑，不僅自己有了笑容，也會讓周圍的人一起大笑，別人也會覺得你既真實又可愛，氣氛更不會緊張或冷場。

四、分享自己曾做過的蠢事

人人都曾做過蠢事，有些事回想起來，甚至會覺得自己有點好笑，而這些都是你可以和大家分享的小玩笑話。接受自己的全部，包含缺點，能夠自在「自嘲」自己，你將會更快樂。

雜學的文化工作者王浩一在其所著《原來如此——幸福是樂齡者唯一的任務》中提及幽默是人類難得的氣

質，必須透過艱辛、痛苦及悲傷才能找到幽默的祕密泉源。幽默隱含了生命哲理與生活態度，它比較是西方思維，心胸氣度的昇華。

「幽默大師」文學家林語堂曾說：「人生在世，還不是有時笑笑人家，有時給人家笑笑。」他對人生總是笑意，對世事總是曠達。因此，他才能過得如此通透，活得如此快樂。他的處世態度值得我們學習。

總之，幽默除了可以幫助你舒緩焦慮的情緒，釋放身體的緊張之外，適當利用幽默的方式來回應對方的挑釁，可以有效的化解衝突或尷尬，也就是透過非攻擊性的言語來回應對方，不僅能減少人與人之間的衝突，甚至可以增進團體的團結氣氛。

然而，多數人都對幽默感缺乏自信，也沒有充分理解幽默的真實意義，即使有些人自認會搞笑，卻可能只是耍寶而已。其實幽默感是溫柔的、不直接的，有時意在言外，出人意表，能使人恍然大悟地會心一笑。這種功夫不僅是天生的，還需要後天慢慢累積養成。基本上，幽默是可以靠後天的培養及學習而養成的一種待人處世的技巧。

「天要下雨」為何要扯上「娘要嫁人」的背後故事？

「天要下雨，娘要嫁人」，這是大家都耳熟能詳的諺語，雖然在日常生活中常常用，也瞭解它的意義，但

是「天要下雨」為何要扯上「娘要嫁人」呢？這兩句之間的關係真是百思不得其解，其實這句諺語來自於一個民間故事，出自《山海經》。

傳說古時候有位名叫朱耀宗的書生，天資聰慧，滿腹經綸，進京趕考高中狀元。皇上殿試時見他不僅才華橫溢，而且長得一表人才，便將他招為駙馬。「春風得意馬蹄疾」，循慣例朱耀宗一身錦繡新貴還鄉。臨行前，朱耀宗奏明皇上，提起他的母親如何含辛茹苦，如何從小將他培養成人，母子倆如何相依為命，請求皇上為他多年守寡一直不嫁的母親樹立貞節牌坊。皇上聞言甚喜，心中更加喜愛此乘龍快婿，准允所奏。

朱耀宗興奮地日夜兼程，回家拜見母親。當朱耀宗向娘述說了樹立貞節牌坊一事後，原本歡天喜地的朱母一下子驚呆了，臉上露出不安的神色，欲言又止，似有難言之隱。朱耀宗大惑不解，驚愕地問：

「娘，您老哪兒不舒服？」

「心口痛著哩！」

「怎麼說痛就痛起來了？」

「兒呀！」朱母大放悲聲。

「你不知道做寡婦的痛苦，長夜秉燭，垂淚天明，好不容易將你熬出了頭！娘現在想著有個伴兒安度後半生，有件事我如今告訴你，娘要改嫁，這貞節牌坊我是無論如何不能接受的。」

「娘，您要嫁誰？」

「你的恩師張文舉。」

聽了娘的回答，好似晴天一聲炸雷，毫無準備的朱耀宗頓時被擊倒了，撲通一下跪在娘的面前⋯⋯

「娘，這千萬使不得，您改嫁叫兒的臉面往哪兒擱？再說，這是『欺君之罪』，難免有殺身之禍啊！」朱母一時語塞，在兒子和戀人之間無法做到兩全其美。

原來，朱耀宗八歲時喪父，朱母陳秀英強忍年輕喪夫的悲痛，她見兒子聰明好學，讀書用功，特意聘請有名的秀才張文舉執教家中。由於張文舉教育有方，朱耀宗學業長進很快，朱母歡喜，對張文舉愈加敬重，朝夕相處，張文舉的人品和才華深深打動了陳秀英的芳心，張文舉對溫柔賢惠的陳秀英也產生了愛慕之情，兩人商定，等朱耀宗成家立業後正式結婚，白首偕老。殊不料，這樁姻緣卻要被蒙在鼓裡的朱耀宗無意中攪黃了，出現了這樣尷尬的局面。

解鈴還須繫鈴人，正值左右為難之際，朱母不由長嘆一聲：「那就聽天由命吧！」

她說著隨手解下身上一件羅裙，告訴朱耀宗說：「明天你替我把裙子洗乾淨，一天一夜曬乾，如果裙子曬乾，我便答應不改嫁；如果裙子不乾，天意如此，你也就不用再阻攔了。」

這一天晴空朗日，朱耀宗心想這事並不難做，便點頭同意。

誰知當夜陰雲密佈，天明下起暴雨，裙子始終是濕漉漉的，朱耀宗心中叫苦不迭，知是天意。陳秀英則認真地對兒子說：「孩子，天要下雨，娘要嫁人，天意不

可違！事已至此，多說無益。」

朱耀宗只得將母親和恩師的婚事如實報告皇上，請皇上治罪，皇上連連稱奇，降道御旨：「不知者不怪罪，天作之合，由她去吧。」

《山海經》是從戰國初年到漢代初年，經多人寫集成的一部古書，作者大概都是楚地的楚人，所以這個故事應該是在漢代以前的。

從此，人們便把「天要下雨，娘要嫁人」這句話用來形容天意如此，誰也逆轉不了的事情。

這個故事說明註定會發生的事情，我們雖無法改變，但也不可因此過於宿命論（英語：Fatalism，或稱命運論、命定論等，是一種世界觀，根據這種想法，自然界和社會中的事件由更高的權力如神靈預先決定或基於邏輯必然性。）倘認為命運已在冥冥之中安排好一切，那凡事就隨緣不需要再努力，若此，成功已遠離你了。

世界上的偉人或成功的人，都必須經歷一段漫長的艱辛過程，甚至無數次的失敗。畢竟，成功不是一朝一夕就能達到的。要想出人頭地，艱苦奮鬥是必經之路，雖然當時會覺得難以接受，但那是黎明前必經的黑暗。

因此，所謂：「天下沒有白吃的午餐」，我們必須努力積極向上，才有改變命運的機會，努力雖未必成功，但不努力一定不會成功，因成功是屬於堅持到底的人，成功絕不是偶然，也不會平白從天上掉下來。人生並非由上帝決定，藉由努力、付出及毅力，你也能改寫。

卻之不恭

接受他人的饋贈或邀請時的客套話。

本指拒絕別人的邀請或贈予是不恭敬的。語本《孟子·萬章下》：「卻之，卻之為不恭，何哉？」之後多用為接受他人的饋贈或邀請時的客套話。《金瓶梅》第三九回：「迭受重禮，使小道卻之不恭，受之有愧。」《文明小史》第五九回：「不怕輸，只管來。但是我卻之不恭，受之有人愧。」

孟子以仁義禮智為四端：「惻隱之心，仁之端也；羞惡之心，義之端也；辭讓之心，禮之端也；是非之心，智之端也。」其中禮是講人際關係的正常規範。

送禮的起源與文化

關於送禮有一個說法是源自於古代戰爭弱肉強食，由於部落兼併，弱者需向征服者「納貢」，進貢衣物、珠寶、食物及田宅等禮品，以表達對征服者的服從，同時也乞求強者的庇護。除了納貢起源之外，還有一說是來自遠古時期的祭祀活動，人們除了用虔誠的動作與態度來表達對神的敬意外，同時也將最有價值的物品奉獻給神靈。

送禮交際在現代社會上相當普遍，尤其以華人更加明顯，不論是為了表達祝福、向對方傳遞情感訊息，

婚喪喜慶，如何送到心坎裡，送禮絕對是一門大學問。雖然說古代有「千里送鵝毛，禮輕情義重」的說法，現代人則有「禮多人不怪」的習俗，但除了滿滿的心意之外，瞭解送禮的禁忌，避免不吉利或尷尬的狀況發生，以達到送禮的目的，否則容易鬧出笑話，甚至踩到地雷而造成反效果。

送禮的注意事項

一、時機

送禮必須注意送禮的時機，所為無功不受祿，如逢年過節、新婚或是喬遷等日子都很適合送禮。

二、禮物的種類

一般而言，會針對節日挑選合適的禮盒，例如：端午佳節送粽子、中秋節送月餅禮盒等，但近年禮盒多樣性，也可以考慮送不一樣的禮盒。

此外，送禮還需要注意收禮者的興趣及嗜好，例如倘對方打高爾夫球，我在美國服務期間，某州的黨主席喜歡打高爾夫球，我在其生日前，除請其吃飯外，另送一盒特別訂製印有"Touch Your Heart"的高爾夫球，由於是訂製的，他收到後頻頻表示感謝，無形中更加深雙方的情誼，更有助與該州發展政務關係。

三、禮輕仁義重

　　送禮重在「誠意」，不在禮品的價值，建議如上提及，符合時機與收禮者的興趣，感受到心意才是關鍵。此外，我在國外服務期間，寄一張特別用心的生日卡片給工作夥伴或政要，讓對方感受到你還記得其生日的一點心意，回饋的效果還不錯。

　　各國對公務員送禮大都有所規定，以我曾在新加坡及美國為例，其中新加坡不得超過新幣20元（約新台幣440元）之餽贈；新加坡規定，外界禮物，一律回絕，除退休外不得接受禮物。對長官退休給予的禮物，金額不得超過新幣100元（約新臺幣2,200餘元）。記得有一次一位新加坡政府官員告稱，他收到朋友送給他一瓶Whiskey酒，因超過新幣20元，所以陳報長官，按規定，倘有興趣，他可以市場價收購該瓶酒，所屬單位則將所得歸公政府。

　　新加坡公務員的待遇頗高，高薪養廉是新加坡的政策，我在新加坡工作期間，確實有感受到新加坡公務員珍惜自己的工作。因此，新加坡政府對貪污是零容忍，因貪污者所貪的錢，全都是全體納稅人的血汗錢，新加坡就是這樣教育全新加坡納稅人，不斷的透過公民教育，引起全民對貪污者產生同仇敵愾。因此、新加坡被全世界評為最清廉國家的領頭羊，讓全新加坡人引以為傲、為榮。這是值得很多國家包括台灣、中國及各國學習的地方。

談到美國，美國人送禮的特點是簡潔、隨意、務實。禮品的價值和形式並不重要，簡單實用、略表心意即可，因此一束鮮花、一本新書、一盒巧克力或一瓶葡萄酒等，都是很受歡迎的禮物。美國原則上禁止公務員收受市價逾美金20元之餽贈，國會議員在一年內不得從試圖影響國會立法的說客、外國政府、公司或其他代理人那裡接受超過100美元的禮品，大多數州限制議員收受不能超過50-300美元。但由於美國是聯邦政府，各州的自治權力頗大，因此，在實務上，執行時並不容易落實。

四、當地習俗

由於每個人的生長背景不盡相同，一般而言，對長輩需考慮實用性；對情人可以選擇較具紀念意義的禮物；對職場上的客戶，或政府官員及國會議員，就需考量對方的品味及興趣，投其所我，方可發揮送禮的效果。

五、客製化

市面上販售的禮盒通常是制式化的製作，常過了一段時間就忘記是誰送的，若能加上客製化的小巧思，例如小卡片的貼紙或是包裝上有刻字等，不只能提升好感度，收禮者也會感受到自己備受重視。

中國自古以來就是禮儀之邦，贈禮是傳統文化上的一種習俗。因此，華人一向很注重所謂的「禮尚往來」。贈禮藝術考量送禮的人、事、時、地、物，如何拿捏送禮的分寸，恰到好處，避免過與不及，實屬不易。

附錄

"Stay Hungry, Stay Foolish"

　　蘋果公司創辦人賈伯斯（Steve Jobs）在2005年史丹佛大學的畢業典禮演講時的結語："Stay Hungry, Stay Foolish"，這幾年在台灣頗多人討論賈伯斯想給畢業生的啟示究境為何？

　　很多人把這句話翻譯為「求知若饑，虛心若愚」，其實「Hungary」在此與饑餓並無關聯，而是在鼓勵畢業生在未來追求目標邁向成功之路的過程中，應保持動力及熱情，隨時吸收新知的欲望，如同饑餓的感覺一樣勇往直前。

　　賈伯斯語出驚人：「（1985年）蘋果公司開除我，是我人生中最好的經驗。從頭開始的輕鬆釋放了成功的沉重，讓我進入了這輩子最有創意的時代。」過去賈伯斯總能敗部復活東山再起，重要的就是他在敗部出局時，能抓住機會認真的面對自己內心對目標的追尋。因此，可以在遭逢挫折反而讓他更看清真相，激起熱情堅持真愛。Stay Foolish是要畢業生不要怕失敗，因為失敗是成功之母，失敗也許會被人嘲笑，甚至別人會認為你看起來很愚蠢。但要有勇氣當一個蠢人，不懼怕別人的眼光，持續行動，就有希望成功。

　　或許正因為賈伯斯一直維持那股熱情與動力，終

能再創人生的高峰。因此，失敗並不足懼，而是如何以正確的態度去面對失敗，了解失敗的原因後，再重新出發，相信有志者事竟成，成功終究會到來。

萬物都有裂縫，因為那是光照進來的契機（There is a crack in everything. That's how the light gets in.）──擁抱失敗

　　加拿大擁有詩人、小說家、歌曲創作者、歌手等多重身分的李歐納・柯恩（Leonard Cohen），最初的夢想是成為一名作家，寫作讓他獲得了名聲與獎項，卻沒有帶來足以維生的收入，因緣際會下他進入歌壇，以低沉迷人的嗓音，唱出了無數撼動人心的作品，而以往豐沛的寫作能量，便在此時幫助他創作出許多如詩般的經典歌曲。布芮尼・布朗博士（Brene Brown Ph.D.）所著《不完美的禮物》（*The Gifts of Imperfection*）：她是美國的知名學者、暢銷書作家，任教於休士頓大學社會工作研究院。她花了十二年時間研究人類心靈的脆弱性、勇氣、價值感以及羞愧感，也曾是個不允許自己失控或出錯的完美主義者。最後，她勇敢面對且改變了！因為她發現：「休息、玩樂、直覺、歸屬、創造、感恩」，遠比「保持完美」更重要。她學會放下種種的「應該」，擁抱不完美的自己，走向全心投入的滿足生活。
　　布芮尼將「擁抱不完美的自己」當作一趟珍貴的心靈旅程，提出十大目標，幫助讀者確立方向，每一步都

朝向真實和快樂！

接受不完美的自己，就算不完美，也要做自己的英雄：布芮尼提出的十大目標確實值得我們深思：

一、不管別人怎麼想：擁抱真實的自己

二、放下完美主義：對自己仁慈

三、停止麻木、放下無力感：呼喚靈性復原力

四、放下匱乏，不要黑暗：培養感恩和喜樂

五、不確定也沒關係：直覺力和信心

六、放棄比較：開啟創造力

七、放鬆，才會快樂：玩樂與休息

八、停止焦慮的生活型態：冷靜與平靜

九、放下自我懷疑和「應該」：在工作中看見意義

十、形象放一邊，偶爾失控一下：歡笑、歌唱、舞蹈之必要

「與其做一個好人，不如做一個完整的人。」

"The Dark Side of the Light Chasers: Reclaiming Your Power, Creativity, Brilliance, and Dreams"一書的作者黛比‧福特（Debbie Ford）是美國百萬暢銷書作家、講者，也同樣認為擁抱你所有的黑暗面，成為完整的自己，自由過你想要過的人生，因為做一位好人，只活出一半的自己；但做一位完整的人，則是活出全部真實的自己。接納與擁抱自己的黑暗面，才能讓我們回歸完整又真實。

解放你的黑暗面，讓光照亮出來。因為每個陰影之處，必閃著光亮。因為在陰影之中，藏著最偉大的你。

英文有句諺語：「情況再壞，總會有一線希望！」（Every cloud has a silver lining.）是英語本土語言中樂觀情緒的隱喻。

作者延斯・安德森（Jens Andersen）在《玩得好！樂高商業冒險之旅》一書中間接提及曾任該公司高管的佩爾・索仁森（Per Sorensen）的哲學觀點，即道家的「凡事皆有陰陽兩面」，失敗為成功之母，從不同的角度倒過來看事情，更可激發及創造出不同的全新觀點。

哈佛大學心裡學家班夏哈（Tal Ben-Shahar）也認為：最高成就者的共同點——比別人更常失敗。他的新書《更快樂的選擇》：哈佛史上最受歡迎的正向心裡學中提及加州大學戴維斯分校的心裡學家西蒙頓，他研究許多歷史上最偉大的藝術家和科學家，包括莫札特、莎士比亞、愛因斯坦及瑪麗・居里。他發現，這些有遠見的人都有一個共同的特點，就是不怕失敗，且失敗的次數比大多數人多很多。愛迪生的名言之一：「我從失敗中走向成功」。

陽明交大理學院副院長陳俊太鼓勵分享失敗的經驗。現代人因為喜歡比較而容易產生壓力，一旦壓力喘不過氣時，又不知道舒壓的方式，則身體很容易出問題，嚴重的甚至發生輕生的憾事。人比人氣死人，比上不足，比下有餘。因此，陳教授表示，如何面臨挫折或失敗至為重要，他自己是以脫口秀作為分散挫折的管道之一，也曾分享在

參加脫口秀總決賽時拿最後一名，他認為即使拿最後一名，也能從中學習，同樣可為人生加分。

在《易經》體系的太極圖中，陰中有陽，陽中有陰，全陽過剛，全陰又過柔，因此，陰陽需要調和。此外，女人屬陰，男人屬陽，陰陽本應相輔，理應調合，才不會失序。此外，生活中倘有疑難雜症或低潮時，需要排解或尋找出口，亦可藉由占卜來指引方向參考，這也是易經生活的智慧。

從不同的角度看，缺陷也是一種美，所謂的殘缺之美。另常言道：追求完美易喪志，人生不如意者十之八九，現代人不必給自己過多的壓力，更勿追求完美，要學習有缺陷或有瑕疵的自己，不如意時要學習變通、轉念及調整心態去面對人生，以迎接愉快又真實的自己！

從錯誤中學習，向失敗致意。

美國實業家約翰・洛克菲勒（John Davison Rockefeller, 1839年7月8日－1937年5月23日）

在寫給兒子的38封信中的第7封信提到，只要不變成習慣，失敗是件好事。

Samuel Beckett（1906年4月13日－1989年11月10日）是愛爾蘭知名作家，創作的領域包括戲劇、小說和詩歌，尤以戲劇成就最高。他是荒誕派戲劇的重要代表人物。1969年，他因「以一種新的小說與戲劇的形式，以崇高的藝術表現人類的苦惱」而獲得諾貝爾文學獎。

曾經嘗試，曾經失敗。沒關係，再試一次，再失敗一次，更漂亮的失敗。（Ever tried. Ever failed. No matter. Try Again. Fail again. Fail better.）

我必須往前走，我無法往前走，我會往前走。（I must go on, I can't go on, I'll go on.）

丹佐・華盛頓（Denzel Washington）的不怕失敗及向前看，其概念也是相同的，他是是國際知名演員和導演，於2011年5月16日應邀在賓州大學的畢業典禮上演講。

丹佐・華盛頓也是美國最傑出的表演藝術家之一，他在電影、戲劇和電視的演出及身為導演和電視製作人的成就均大獲好評。他的演出屢獲最高榮譽獎項，包括兩座奧斯卡獎和一座東尼獎，並在畢業典禮上獲頒藝術榮譽博士學位。

他說：「愛迪生曾經歷過1000次失敗的實驗，你們知道這件事嗎？我本來不知道，因為他在第1001次實驗時發明了電燈泡。向前看，每次失敗都意味著向成功邁進一步，你必須冒險，我相信你們早已聽過這些，但我想告訴你們，為什麼這個觀念如此重要。有三個原因，等我說完後，你們就可以拿出iPhone了。」

一、你在生命中某個時刻必定會遭遇失敗，接受這個事實。有句諺語是這麼說的，「只要你在理髮店附近晃得夠久，遲早能撿到頭髮。」機會終究會來。

二、如果你不曾失敗過，代表你從未真正冒險嘗試。

三、有時候，失敗是找尋人生方向最好的方法，人
　　生不可能永遠一帆風順。

因此，2011年畢業生們，這是你們的使命。當你們
離開費城這個友善的校園後，永遠別氣餒、永遠別退
縮，貢獻你擁有的一切。當你在生命旅程中遭遇失敗挫
折，也許甚至就在今晚，當你多喝了幾杯香檳後，請記
住這一點：向前看。

美國哈佛大學校長德魯・福斯特（Drew Faus）在
2021年的新生演講中，勉勵新入學的學生：不要害怕犯
錯的風險，不要害怕承認你的錯誤，這是學習和成長的
最佳途徑。

成功前必有失敗來臨，只是時間的早晚，因失敗為
成功之母，勇於嘗試，在未嘗試前，請勿輕言放棄，成
功就是無數次失敗的累積結果。

日本經營之神稻盛和夫

稻盛和夫成功的祕訣

稻盛和夫，KBE（日語：稻盛和夫／いなもり　か
ずお／Inamori Kazuo；1932年1月21日－2022年8月24
日）是日本企業家，為京瓷與第二電電（日語：第二電
電）（今KDDI）創辦人，曾任京瓷暨日本航空名譽會
長（董事長）、公益財團法人稻盛財團（日語：稻盛財
團）理事長。

他出生在日本鹿兒島一個貧窮而又虔誠的佛教家

庭。父親是印刷工人，一天賺的錢不夠養家，不得不做些副業，每天都忙到深夜12點。1945年報考鹿兒島一中失敗，他又感染了肺結核。當時肺結核還無藥可治，死亡率極高，稻盛的叔叔和嬸嬸皆因肺結核去世。當時正在發燒中的稻盛情緒低落到了極點，13歲的他就開始在死亡的威脅和恐懼裡顫抖。

鄰居大嬸為激勵他活下去的勇氣，給了他一本書《生命的真諦》。因為家裡窮，稻盛一直沒有看過課外書，這是第一本看到的課外書。從書中他看到了影響他一生的辭彙——「災難心相」，並在其自傳《活法》一書中說到：「災難是自己招來的，因為自己的心底有塊吸引災難的磁石。要避免災難就要先除去這塊磁石，而不是對別人說抱怨的話。」「把痛苦說成不幸是錯誤的，人們應該知道對於靈魂成長來說，痛苦有多麼重要。」對於正開始思索人生的稻盛，這些話猶如甘露之於久旱的秧苗。

稻盛和夫在其所著《心。人生皆為自心映照》（吳乃慧譯）一書中想傳遞給大家、留給大家的，大概只有一句話，那就是「凡事皆由心起」。一切始於心、終於心，人生就像一部電影，會依你的心所描繪而導演出來；人生的目的在於修鍊一顆美麗的心，善良、利他、正念、熱情，讓凡事皆能走向成功的大道。

他把企業的使命定調為「追求全體員工物質與精神的幸福」，即公司必須保障員工的生活，讓他們擁有幸福的人生。由於這份「利他」之心，讓他所創辦

的「京瓷公司」快速發展，且從未虧損，利潤率一度高達60%，不僅造就出世界五百強兩家企業京都陶瓷與KDDI，也帶領日本航空起死回生，因此為他贏得了「經營之聖」的美名。

日本早稻田大學商學院客座教授三谷宏治：「接納失敗，並懂得從中學習」的能力，否則就只會淪為「錯誤」的經營管理，而不是嘗試錯誤型的經營管理了。

先利他，方能利己

《警世通言・卷二四・玉堂春落難逢夫》：「玉姐也送五兩，鴇子也送五兩。王定拜別三官而去。正是：『各人自掃門前雪，莫管他家瓦上霜。』」在現代生活中，凡事只為自己好的人，是短利長空，無法一直順遂的，唯有利他，如迴力鏢的力量，最後方能利己。

有一個形容做人不可自私自利的寓言故事說，有個人有機緣遇到小天使，小天使就跟他說：「我可以帶你去看天堂跟地獄。你首先要看什麼？」

這個人就說：「那我先看地獄。」

到了地獄，剛好在用午餐，一排長長的桌子，兩邊的人對坐在桌子前，筷子都是一公尺長，桌上擺滿了各式各樣的菜。一聲令下，所有的人拿起一公尺的長筷子，拼命夾食物，一夾住就往自己的嘴巴塞。結果因為筷子太長，還沒有夾回來，筷子就撞在一起，食物掉滿地。掉了以後，還互相謾罵對方：「都是你害的！都是你害的！」

那個人看到地獄的氣氛非常不好，看不下去了，便對小天使說：「算了算了！我去看天堂！」

　　小天使帶他去天堂，一看還是那樣的一排長桌子，兩邊還是坐了兩排人，還是那些菜，筷子還是一公尺長，他就很納悶。

　　結果一開始吃，所有的人把菜夾起來，都先讓對方吃：「來，給你！」

　　有一個人人緣不錯，有三、四個人同時給他夾菜，他說：「等一下，等一下，我快要噎著了！」

　　從此故事可以看出，當人時時刻刻都為對方著想，就如同生活在天堂之中；當人都自私自利，互相競爭，互相計較，那就如同生活在地獄之中。

　　鄭崇華於1971年創立台達電子，在其所著《利他的力量》一書中，闡述台達電子的經營哲學，強調利他，並以真心及真誠對待你的客戶及合作夥伴，一個企業經營者，不應只追求利益，更要努力善盡企業公民的社會責任。2016年，他獲頒華人領袖遠見高峰會首屆「君子企業家」，頒獎人高希均教授特別撰專文讚譽鄭崇華利人利己的經營模式，為社會為國家帶來正向發展。

　　人生就是磨練靈魂、心靈的道場。因為心懷善念，行善助人，命運就朝向好的方向轉變。經過磨練的美麗心靈，描繪的願望也可以帶來精采的人生。

　　宏碁集團創辦人、榮譽董事長暨智榮基金會董事長施振榮在其所著《王道創值兵法》系列書中的第一本《利他，最好的利己》，希望大家都能從利他出發，以

分享取代佔有，因懂得分享，才能創造未來、以共融取代獨贏，為國家社會創造最高的總價值，這才是真正的王道。

混元禪師所創「唯心宗」本具足於天地之間。萬法唯心，唯心是宗，心者中道也，其所強調的也是「心」的重要。唯心宗以智聖鬼谷仙師王禪老祖為師，以中華文化道統-易經風水學為法源，以和平的方式達到世界真和平為本願。因此，凡事從「心」改變做起，從個人影響到家庭、社區及社會，則可達到世界和平的目標。

佛法說：「萬法唯心造。」也就說，這個花花世界或大千世界全部的外在都是由心靈所創造出來的，如果能以一顆「智慧的心」喜悅過生活，日子就會快快樂樂的；相反的，如果心中愚痴蒙昧總愛執著於人生的死胡同，在牛角尖裡鑽不出來，那麼生活肯定會過得很痛苦。

鐵肺會計師黃鴻隆在其所著《帶著桎梏翱翔》一書中強調，凡事熱情洋溢、熱愛生命、以「利他」的角度出發，所以他雖然歷經開過五次大刀，插過三次管，幾次的病危通知，但卻不向命運低頭，仍活得很快樂，其奮鬥的精神值得我們學習。

美國著名的管理大師柯維（Stephen Covey）在其著作及演講，強調「心」是個人及企業成功的關鍵，即從「心」開始改變，鼓勵建立個人的價值觀及道德準則，並應用在日常生活和工作之中，則這種改變可由個人影響到周遭的環境及社會。

唯有智慧的心，才能導引我們走上愉快、自在、富

足的人生路，我們的生活中絕對不能缺少這小小方寸！

洗一個澡，看一朵花，吃一頓飯，假使你覺得快活，並非全因為澡洗得乾淨，花開得好，或者菜合你的口味，主要是因為你心上沒有罣礙。

看似簡單的每一件事，卻也務必需要帶著一顆平常心去踐行。

人與人之間的相處是一種魚幫水，水幫魚的互利、互惠關係；如果凡事以自己的利益為出發，不考量對方的立場，則前進的道路將荊棘叢生，無法長久；反之，倘以利他的心出發，則終將利他並利己，此乃放之四海皆準的人生道理。

結語

稻盛和夫對於他的成功謙虛地說道：「印度梵文中有這樣一句格言：『偉人的行動之所以能成功，與其說是靠他行動的手段，不如說是憑藉純粹的靈』。」換言之，必須自問「是否出於私心」，隨時檢視自己是否以任性的心態、自我為中心的發想來發展事業。他堅定地相信，只要動機和執行過程是良善的，貫徹客戶至上主義，並實踐「利他」的精神，那麼，結果根本無庸置疑，一定是成功的。

印度詩聖泰戈爾

印度「詩聖」泰戈爾：「不要著急，最好的總會在

最不經意的時候出現。」（Don't try so hard, the best things come when you least expect them to. — Rabindranath Tagore）

古有中國「詩聖」杜甫，空有滿腹經綸、一腔熱血，然而卻報國無門、歷經仕途不順、家國破碎、流離失所及喪子，但仍不改其愛國愛民之心，賦詩一首千古名詩：「安得廣廈千萬間，大庇天下寒士俱歡顏，風雨不動安如山。嗚呼！何時眼前突兀見此屋，吾廬獨破受凍死亦足。」

今有印度「詩聖」泰戈爾，國情上不滿印度人民遭受帝國主義和封建種姓制度的壓迫，生活中遭遇到個人生活的不幸，喪偶、喪女及喪父的悲痛與傷感，選擇用詩歌來歌頌國民不屈不撓的反壓迫鬥爭，即使在臨死之際，仍然寫下最後遺言、有名的「文明的危機」，對英國殖民統治進行控訴，表達了對民族獨立的堅定信念。

人生來就有七情六欲，成功時喜不勝收，失敗時悲傷不已，挫折時感覺到迷茫、絕望，平凡如我們總是會被世間俗事所累，想掙脫卻苦於無計可施。但是我們可以從印度「詩聖」泰戈爾的詩篇中感悟他關於愛情、友情、迷茫、失去、仍堅持有著異於常人的感悟。

抉擇：生存還是毀滅，這是一個值得考慮的問題。
（To be or not to be, that is the question.）

威廉・莎士比亞（英語：William Shakespeare，1564年4月26日〔受洗日〕－1616年4月23日）是英國文學史

上最傑出的戲劇家、西方文藝史上傑出的作家之一，也是全世界最卓越的文學家之一。華人社會常尊稱其為莎翁，莎翁流傳下來的作品包括38部戲劇、154首十四行詩、兩首長敘事詩和其他詩歌。他的戲劇有各種主要語言的譯本，且表演次數遠遠超過其他戲劇家的作品。

莎士比亞與世界圖書與版權日：4月23日，對於世界文學領域是一個具有象徵性的日子，因為莎翁在1616年的這一天去世。

1995年在巴黎召開的聯合國教科文組織大會選擇這一天，向全世界的書籍和作者表示敬意，鼓勵每個人，尤其是年輕人，去發現閱讀的快樂，並再度對那些為促進人類的社會和文化進步做出無以替代貢獻的人表示尊敬。

此外，若要瞭解西洋文學，其中必讀的二部經典：聖經及莎士比亞，可見莎士比亞對後世的文學影響至深且鉅。

莎士比亞流下很多經典的名句，其中之一：「生存還是毀滅」（To be, or not to be）是莎士比亞戲劇作品〈哈姆雷特〉第三幕第一場，哈姆雷特王子一段獨白的第一句前半部；很多人也會用這句來指整段獨白。它是世界文學中常見被引用的一句，整句是：「生存還是毀滅，這是一個值得考慮的問題」（To be or not to be, that is the question）。

人生有如莎翁劇中的哈姆雷特一樣，面臨了「To be or not to be?」的人生叉路，例如說：

我是該念研究所還是先當兵？

我是該出國留學或在國內念研究所？

我是該跟現任男（女）友分手嗎？

我該不該離開現在的公司另謀出路呢？

我該不該買車或買房呢？

職場、愛情、學業、人生，每個人需要的未必相同。因此，面對抉擇時當然也不會有所謂的標準答案。「二選一」難就難在，一旦做出了抉擇，往往無法重來，而且也難以回頭檢視，當初若選了另一條路會不會更好，畢竟時間永遠是條不能回頭的單行道！

人生本來就是選擇的過程。面對兩難的處境，該如何「思考」，評估客觀的環境及利弊得失後，以做出最有利於自己的抉擇。

費斯汀格法則

費斯汀格法則是指美國社會心理學家費斯汀格（Leon Festinger）的一個很出名的判斷，生活中的10%是由發生在你身上的事情組成，而另外的90%則是由你對所發生的事情如何反應所決定。換言之，生活中有10%的事情是我們無法掌控的，而另外的90%卻是我們能掌控的。

費斯汀格曾在其著的書中舉了這樣一個例子：

卡斯丁早上起床後洗漱時，隨手將自己高檔

手錶放在洗漱台邊，妻子怕被水淋濕了，就隨手拿過去放在餐桌上。

兒子起床後到餐桌上拿麵包時，不小心將手錶碰到地上摔壞了。

卡斯丁心疼手錶，將兒子揍了一頓。然後黑著臉罵了妻子。妻子不服氣，說是怕水把手錶打濕。卡斯丁說他的手錶是防水的。

於是二人猛烈地鬥嘴起來。一氣之下卡斯丁早餐也沒有吃，直接開車去了公司，快到公司時突然記起忘了拿公事包，又立刻轉回家。

可是家中沒人，妻子上班去了，兒子上學去了，卡斯丁鑰匙留在公事包裡，他進不了門，只好打電話向妻子要鑰匙。

妻子慌慌張張地往家趕時，撞翻了路邊水果攤，攤主拉住她不讓她走，要她賠償，她不得不賠了一筆錢才擺脫。

待拿到公事包後，卡斯丁已遲到了15分鐘，挨了上司一頓嚴厲批評，卡斯丁的心情壞到了極點。下班前又因一件小事，跟同事吵了一架。

妻子也因早退被扣除當月全勤獎，兒子這天參加棒球賽，原本奪冠有望，卻因心情不好發揮不佳，第一局就被淘汰了。

這個案例裡，手錶摔壞是其中的10%，後面一系列事情就是另外的90%。

都是由於當事人沒有很好地掌控那90%，才導致了這一天成為「鬧心的一天」。

試想，卡斯丁在那10%產生後，假如換一種反應。比如，他撫慰兒子：「不要緊，兒子，手錶摔壞了沒事，我拿去修修就好了。」這樣兒子高興，妻子也高興，他本身心情也好，那麼隨後的一切就不會發生了。

可見，你控制不了前面的10%，但完全可以通過你的心態與行為決定剩餘的90%。

費斯汀格法則的啓示

面對人生各種各樣的處境，我們都有選擇的能力。

面對一件不幸的事件，你可以大發雷霆、怨天尤人，甚至責備所有的人，但事情卻不會因為這些而絲毫有改變。不幸的事，它會繼續地伴著你往後的生活，讓你背負著一生的痛苦活下去。

相反的，如果能放下怨恨和懼怕，換一個角度來看事情，勇敢的活下來，那麼事情的情況也許就不會如想像中那麼糟糕。很簡短的故事，但是能夠體會其中的道理，而且又能夠在真實的生活中實踐，又有多少人能做得到呢？

總之，這是一個心態問題。其實能幫助自己的不是他人，而是自己。倘若瞭解並能熟練並運用「費斯汀格法則」來處事，一切問題就迎刃而解了。

因此，在生活中，不妨讓我們養成：有，很好；沒有，也沒關係的想法。這樣一來，我們便能轉苦為樂，

逍遙自在！

　　人生面對一切的順與逆，讓我們學習：面對它！接受它！處理它！放下它！

　　請記得能夠讓我們一生受用的一句話：「請隨手把『身後的門』關上吧！」

大家都要活下去

　　曾獲全球最佳最短新聞採訪獎「大家都要活下去」：

　　　　在一個有眾多名流出席的晚會上，鬢髮斑白的巴基斯坦影壇老將「雷利」拄著枴杖，蹣跚地走上台來就座。

　　　　主持人開口問道：「您還經常去看醫生？」

　　　　「是的，常去看。」

　　　　「為什麼？」

　　　　「因為病人必須常去看醫生，醫生才能活下去！」

　　　　台下爆發出熱烈的掌聲，人們為老人的樂觀精神和機智語言喝彩。

　　　　主持人接著問：「您常請教醫院的藥師有關藥物的服用方法嗎？」

　　　　「是的，我常向藥師請教有關藥物的服用方法，因為藥師也得賺錢活下去！」台下又是一陣掌聲。

「您常吃藥嗎？」

「不，我常把藥扔掉。因為我也要活下去！」

台下更是哄堂大笑。

主持人最後說：「謝謝您接受我的採訪！」

老人答道：「別客氣，我知道，你也要活下去！」

台下哄堂大笑聲、掌聲、歡呼聲，經久不息！

又問：「你還經常到群裡聊天嗎？」老人答：「是的，我也要在群裡活下去！不露面，不聊天，大家會以為我死了，群主會把我踢出去。」

因此，同學好友們快樂、健康！要常常露面，說說話！所以我們經常要說話及發聲，與人聯繫，因為要讓人知道，你還活著。

倫敦地鐵廣播背後的溫暖愛情故事

有一位年長的英國老太太Margaret McCollum，數年如一日的在地鐵月台等待，只為聽到一聲"Mind the gap"（小心縫隙）。

Margaret McCollum聽著的是已故丈夫奧斯瓦德（Oswald Laurence）的聲音，Margaret是位醫生，她與丈夫於1992年相識。丈夫是位戲劇演員，於1950年為倫敦地鐵北線（Northern Line）錄製了這句"Mind the Gap"。因此，Margaret每天都會來到地鐵站，不為了什

麼，只想聽一下那熟悉丈夫的聲音，回憶著與丈夫在世期間的總總回憶。

"Mind the gap"意思為注意月台間隙，倫敦地鐵標誌之一，地鐵停靠或者從月台發車時，一般為男音發出此類語句。"Mind the Gap"這句話是英國演員奧斯瓦德在20世紀50年代為倫敦地鐵錄製的，然而隨著科技發展，越來越多的地鐵站採用電子提示音，取代了奧斯瓦德的錄音。2007年奧斯瓦德去世後，倫敦只有Embankment站還在播放他的錄音。

於是，他的妻子瑪格麗特便經常坐在「堤岸」站裡，一遍一遍地聽丈夫的聲音。2012年11月，瑪格麗特發現，丈夫的聲音被電子提示音代替了。傷心的她給車站寫了一封信，希望得到這句錄音的磁帶。車站得知原委後，決定重新播放奧斯瓦德的錄音，倫敦交通局也燒錄了一張光碟給瑪格麗特。

金士頓公司得知這個故事，為其拍攝了一個廣告片「記憶月台」。為了完美呈現這一動人的一幕，在台灣的林口攝影棚搭建了一個倫敦地鐵站。總計52名專業師傅耗時84個小時，共用掉104公升油漆、2000支木條打造，包括地鐵牆壁9190片磁磚，也是工作人員一磚一瓦貼上去，此舉也號稱台灣廣告界2013年最大搭景。

廣告由台灣靈智廣告策劃製作，其中產品只出現不到兩秒（將光碟換成了金士頓隨身碟），卻將金士頓所要求的品牌價值，深深地刻畫於觀眾心中。

最美不過初見

最痴不過廝守

最戀不過回憶

　　正如短片最後所說的那句話："Travellers we are, in this journey of memory. Aboard together we might, and get off at different times. Still, memory lingers.— A Memory to Remember."

　　記憶是趟旅程；同時間，我們一起上了列車；卻在不同時間下車；然而，記憶不曾下車——記憶，永遠都在。

　　天下沒有不散的筵席，過去是相知相惜的枕邊人，同甘共苦也好；還是偶有爭執、總是拌嘴也罷。當我們用心去愛一個人多少，那永別的傷痛，就有多深。

　　因此，我們應該學習如何處理失去摯親好友後的情緒，讓人生能漸漸走出陰霾，不再被悲痛揪著心走。或可藉由信仰、或可與好友來一趟旅遊、或唱歌等方式來舒壓，因悲傷不會無止盡，所謂：「解鈴還須繫鈴人」，最終還是要靠自己走出來。

Do思潮15　PC1122

中華傳統智慧的生活美學
──以易經、詩詞、對聯，走進現代生活的視野

作　　者／戴輝源
責任編輯／陳彥儒
圖文排版／陳彥妏
封面設計／張家碩

出版策劃／獨立作家
發 行 人／宋政坤
法律顧問／毛國樑　律師
製作發行／秀威資訊科技股份有限公司
　　　　　地址：114 台北市內湖區瑞光路76巷65號1樓
　　　　　電話：+886-2-2796-3638　傳真：+886-2-2796-1377
　　　　　服務信箱：service@showwe.com.tw
展售門市／國家書店【松江門市】
　　　　　地址：104 台北市中山區松江路209號1樓
　　　　　電話：+886-2-2518-0207　傳真：+886-2-2518-0778
網路訂購／秀威網路書店：https://store.showwe.tw
　　　　　國家網路書店：https://www.govbooks.com.tw

出版日期／2024年7月　BOD一版　定價／420元

|獨立|作家|
Independent Author

寫自己的故事，唱自己的歌

讀者回函卡

中華傳統智慧的生活美學：以易經、詩詞、對聯，
走進現代生活的視野/戴輝源著. -- 一版. --
臺北市：獨立作家, 2024.07
　　面；　　公分. -- (Do思潮；15)
BOD版
ISBN 978-626-97999-4-7(平裝)

1.CST: 中國文化　2.CST: 中國文學　3.CST: 生活
美學

630　　　　　　　　　　　　　　　113008077

國家圖書館出版品預行編目